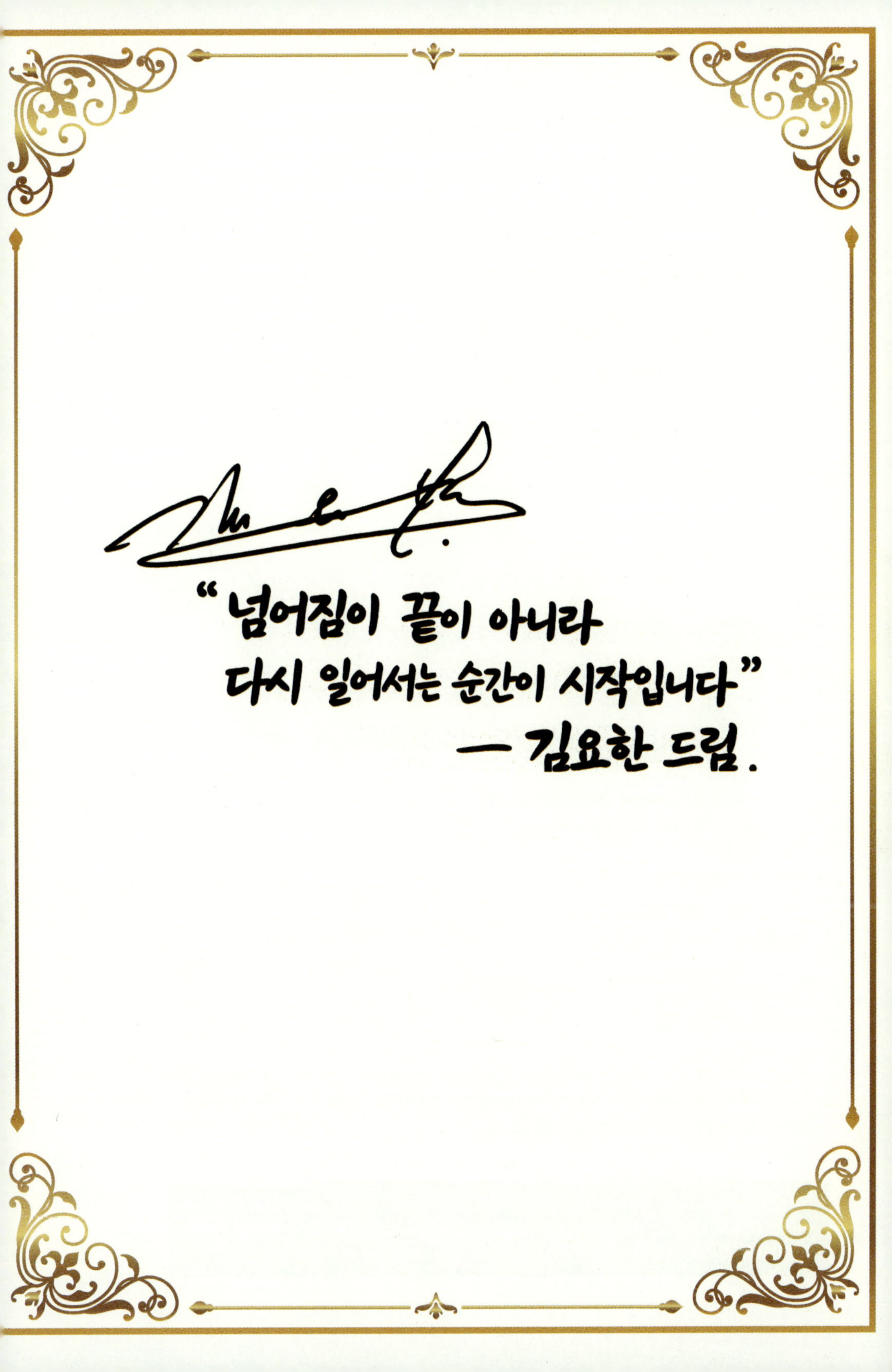
"넘어짐이 끝이 아니라
다시 일어서는 순간이 시작입니다"
― 김요한 드림.

성공 너머 성공

초판 1쇄 발행 2026년 4월 15일

지 은 이 김요한
발 행 인 권선복
편   집 권보송
디 자 인 김소영
전 자 책 서보미
마 케 팅 권보송
발 행 처 도서출판 행복에너지
출판등록 제315-2011-000035호
주   소 (157-010) 서울특별시 강서구 화곡로 232
전   화 0505-613-6133
팩   스 0303-0799-1560
홈페이지 www.happybook.or.kr
이 메 일 ksbdata@daum.net

값 22,000원

ISBN 979-11-24134-21-4 (13190)

Copyright ⓒ 김요한, 2026

성공 너머 성공

Success Beyond Success

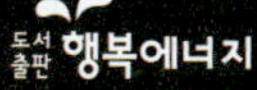

"성공 너머의 진짜 이야기를 찾아서"

"성공한 사람들의 공통점은 무엇인가?"
그리고 "진정한 성공이란 무엇인가?"
이 단순한 질문에서 이 책은 시작되었습니다.

★ 사회가 말하는 성공 vs 삶이 증명하는 성공
★ 숫자보다 사람, 재산보다 관계, 전략보다 철학

강민준 선장 | 글로벌 선사 선장	안규남 대표 | 제주흑돼지 식당
고광남 대표 | 건설회사 경영	안미자 대표 | 대게 식당, 숙박업
김광선 대표 | 특수섬유 업체 경영	안민오 대표 | 한전 전진 사업
김대주 대표 | 뮤지션 음반 서비스	안석문 대표 | 종합건설업체 경영
김병학 대표 | 초정밀 가공, 총기 제조	양경열 대표 | 도배, 장판, 제지 업체
김봉환 원장 | 병원 경영	양미숙 대표 | 한정식
김영익 대표 | 해상 선박 운영	예손해 대표 | 부동산 임대업
김종일 대표 | 섬유제조, 특수섬유	이금례 대표 | 횟집 운영
김현오 대표 | 자동차 정비소 경영	조정진 대표 | 반도체 장비 제조
민주운 대표 | 농산물 · 버섯 유통업	최경희 대표 | 닭갈비 식당
박상순 대표 | 온라인 유통	최상률 대표 | AI노무사 개발 및 행정가
박원균 대표 | 철강업체 경영(스타테크)	최애자 대표 | 농수산물 유통 운영
박정규 대표 | 항만회사 경영	최희철 대표 | 친환경 토양사업
손승용 대표 | 양돈업 일괄 시스템	Rian Shim 대표 | 미술작가, 미술학원 경영

《삼성생명 VVIP 고객의 성공 DNA를 추적하다》

To. 진정한 성공의 본질을 통찰하고

성공 너머 당신의 삶이 빛나기를 바라며

　　　　　　　　에게 이 책을 선물합니다.

"성공 너머의 진짜 이야기를 찾아서"

"성공한 사람들의 공통점은 무엇인가?" 그리고 "진정한 성공이란 무엇인가?"

이 단순한 질문에서 이 책은 시작되었습니다.

★ 사회가 말하는 성공 vs 삶이 증명하는 성공

★ 숫자보다 사람, 재산보다 관계, 전략보다 철학

2013년, 저는 삼성그룹의 경력직 특별 채용을 통해 삼성생명에 입사하였습니다.

그저 보험상품을 판매하는 직업이 아닌, 성공한 인물들과 직접 만나 그들의 삶의 궤적을 가까이서 관찰할 수 있는 특별한 기회라고 생각했기 때문입니다.

지점장이라는 직책은 단순한 직무 이상이었습니다. 인생의 여러 국면을 경험한 고객들과 깊은 대화를 나눌 수 있는 소중한 특권이었기 때문입니다.

저는 전국 11곳의 지역을 돌며 수많은 고객을 만나고 그들의 삶의 궤적을 경청했습니다. 15년 동안 연평균 2명의 주인공을 찾을 수 있었습니다. 서울, 인천, 광주, 순천, 목포, 전주, 제주, 해남, 무안 등 지역마다 특색 있고 진솔한 이야기를 품은 분들과 나누었던 대화는 저에게 엄청난 자산이 되었습니다.

특히 밑바닥에서 출발해 자수성가를 이룬 분들 가운데, 무(無)에서 유(有)를 창조해낸 이들 중 독자들에게 울림 있는 메시지를 전할 수 있는 분들을 중심으로 선정했습니다. 또한 월 보험료 1천만 원 이상(주계약 10억 원 이상)을 납입하신 고객들을 대상으로 심층 인터뷰를 진행했습니다.

그분들은 돈을 버는 방식은 달랐지만, 삶을 대하는 태도에서는 놀라울 정도로 닮아 있었습니다. 삶의 주도권을 가진 성공한 자산가들은 한결같은 답변을 주셨습니다.

"성공은 결국, 작지만 꾸준한 성실함과 남보다 한 발 앞선 행동력, 그리고 사람을 아끼는 마음에서 나온다."

이 책은 단순한 성공 사례 모음집이 아닙니다.

'성공 너머의 진짜 이야기'를 찾아가는 여정이며, 이 책이 성공을 꿈꾸는 이들에게는 실질적인 지침서가 되고, 삶의 방향을 잃고 방황하는 청년들에게는 희망의 나침반이 되고자 합니다.

　10가지 질문으로 구성된 심층 인터뷰를 통해, 28명의 삶 속에서 반복되는 패턴과 핵심 가치를 찾아냈습니다.
　그들의 삶에서 배운 성공의 공통 분모, 그리고 우리가 지금부터 실천할 수 있는 성장 배경, 성공 분야, 성공 요인, 핵심 노하우, 원칙과 습관, 시사점 및 교훈 등 6가지 측면으로, 배움의 핵심도 분야별로 정리해 두었습니다.

　책의 마지막 부록에는 자수성가한 28인의 공통점을 취합하여 시사점을 발췌했으며, 우리가 일상에서 당장 실천할 수 있는 '체크리스트'를 통해 독자들이 그들의 성공적인 삶의 과정을 경험하고 진취적으로 나아갈 수 있도록 구성했습니다.

　이 책을 읽는 모든 분들에게, 누군가의 이야기를 통해 자신만의 길을 발견하는 기회가 되기를 바랍니다. 그리고 무엇보다, '성공'이란 결국 '자기다움' 속에서 피어나는 것임을 느낄 수 있기를 바랍니다.

– 2026년 4월, 희망이 시작되는 땅끝 해남에서
삼성생명 **김요한** 지점장 드림

VVIP 대표님께 드리는 10가지 핵심 질문

1. ___________ 대표님의 출생 연도, 고향과 어린 시절 성장 배경은?
   (유년 시절, 학창 시절)

2. 사회적 성공을 할 수 있게 된 결정적인 포인트는?

3. 자신의 인생 경험을 되돌아보며,
   이 시대를 힘들게 살아가는 청년 세대에게 전하고 싶은 말은?

4. 앞으로 남아있는 삶의 포부와 자신만의 미래 계획은?

5. 사랑하는 자녀와 가족들에게 꼭 해주고 싶은 말은?

6. 타임머신을 타고 30년 전 과거로 되돌아간다면?

7. 향후 5~10년 내 가장 이루고 싶은 일이 있다면? (단기 목표)

8. 삶의 끝자락에 놓여 절망하고 시름하다 의지를 잃은 사람들에게
   하고 싶은 말은? (사업 실패, 커다란 채무, 자포자기 등)

9. 인생에서 가장 중요한 것 3가지를 선택한다면?

10. 당신이 중병에 걸렸다는 전제하에 6개월 시한부 선고를 받았다면,
    남은 6개월 동안 하고 싶은 일은?

김대중 전라남도 교육감

우리는 끊임없이 성공을 이야기합니다. 그러나 한번쯤은 스스로에게 물어야 합니다. "그 성공은 누구를 살렸는가." 김요한 지점장의 『성공 너머 성공』은 바로 이 질문에서 출발하는 매우 의미 있는 책입니다.

교육의 현장에서 저는 늘 고민해 왔습니다. 아이들에게 가르쳐야 할 것은 경쟁에서 이기는 방법이 아니라, 사람과 함께 살아가는 힘이라는 사실입니다. 김요한 지점장의 삶 역시 한 방향을 가리킵니다. "사람이 중심이다." 특전사와 해외 현장, 그리고 삼성생명에서의 리더십까지 그는 이 원칙을 결과로 증명했습니다. 사람을 살리고 조직을 일으켜 전사 최우수 지점이라는 성과를 이루었습니다. 그러나 이 책의 가치는 그 성과 너머에 있습니다. 이 책을 읽다 보면 우리는 스스로에게 묻게 됩니다.

"나는 어떤 성공을 향해 가고 있는가."

『성공 너머 성공』은 성공의 방법이 아니라, 우리가 지향해야 할 성공의 기준을 다시 묻는 책입니다.

학생에게는 꿈의 방향을, 어른에게는 삶의 기준을 제시하며, 결국 사람을 향한 가치가 진정한 성공임을 깊이 전해 줍니다.

2025년 12월 초

명현관 해남군수

『성공 너머 성공』은 어려움 속에서도 포기하지 않고 다시 일어선 사람들의 용기와 삶의 지혜를 담은 책입니다. 김요한 지점장이 만난 28인의 인물들은 각기 다른 길을 걸었지만, 모두 시련을 정면으로 마주하고 끝내 새로운 미래를 만들어낸 분들입니다.

저는 해남군정을 이끌며 늘 마음에 새기는 철학이 있습니다. "사람이 희망이고, 사람이 해남의 미래다." 군민 한 분 한 분의 꿈과 노력이 해남을 앞으로 나아가게 하는 가장 큰 힘입니다. 이 책 속 인물들의 삶 역시 이러한 철학을 그대로 보여줍니다. 혼자가 아닌 함께 성장하고, 자신의 성공을 다른 사람의 희망으로 나누는 태도, 그것이야말로 사람과 지역을 살리는 진정한 성공입니다. 특히 김요한 지점장은 사람을 먼저 생각하고, 사람의 마음을 읽어온 리더입니다. 그의 시선으로 기록된 28인의 이야기는 용기와 도전, 그리고 따뜻한 울림을 전해줍니다. 『성공 너머 성공』은 우리에게 말합니다. 시련은 누구에게나 오지만, 희망을 선택하는 것은 우리의 몫이며, 그 희망은 서로를 붙잡아주는 공동체 속에서 더욱 빛난다는 사실을 말입니다.

이 책이 많은 독자들에게 다시 일어설 힘과 삶의 방향을 제시해 줄 것이라 확신하며, 진심으로 추천드립니다.

2025년 12월 초

박근호 알렉산델 신부, 천주교 육군 군종병과장

『성공 너머 성공』은 세상의 성공을 넘어, 인간 존재의 존엄과 내면의 성장을 성찰하게 하는 깊이 있는 기록입니다. 김요한 지점장이 만난 28인의 삶에는 고난 속에서도 희망을 잃지 않고, 하느님께서 주신 소명을 따라 각자의 길을 걸어온 이들의 이야기가 담겨 있습니다. 이 책은 성공을 세속적 기준으로 재단하지 않고, "서로를 살리고 일으키는 사랑"의 시선으로 다시 바라보게 합니다.

인간에게 주어진 가장 큰 은총은 "사람"입니다. 이 책 속 인물들은 바로 그 은총을 삶으로 증명한 분들이며, 그들의 여정은 많은 이들에게 위로와 힘이 될 것입니다.

김요한 지점장은 사람의 마음을 깊이 들여다보는 따뜻한 시선으로, 각 인물의 아픔·성찰·도약을 세심하게 기록해냈습니다. 그의 글은 단순한 성공담을 넘어, "함께 희망을 나누는 공동체적 삶"이라는 복음의 가치를 자연스럽게 드러냅니다.

『성공 너머 성공』이 세상 속에서 흔들리는 이들에게 새로운 희망을, 청년들에게는 방향을, 이 시대 모든 이들에게는 다시 걸어갈 용기를 전하길 바랍니다. 하느님의 축복 안에서 많은 이들에게 선한 영향력을 전하는 책이 되기를 기도하며, 기쁘게 추천합니다.

박지원 국회의원

『성공 너머 성공』은 단순히 성공을 말하는 책이 아닙니다. 쓰러진 자리에서 다시 일어난 사람들의 살아 있는 기록입니다.

김요한 저자는 사람을 먼저 보고, 사람을 세우는 일을 가장 큰 성공이라 말합니다. 이 책은 특별한 재능을 가진 이들만이 아닌, 포기하지 않고 한 걸음씩 나아간 평범한 사람들의 가능성을 이야기합니다. 출발선이 다르더라도, 넘어짐이 많더라도 다시 일어설 의지만 있다면 누구나 자신의 길을 만들어갈 수 있다는 분명한 메시지를 전합니다. 이 책에 담긴 28인의 기업인들 또한 끝까지 희망을 놓지 않고 사람에 대한 신뢰를 지켜온 이들입니다. 이것이 바로 성공한 사람들의 공통점일 것입니다. 더 나아가 이 책은 진정한 성공은 부나 지위에 머무는 것이 아니라, 이웃과 사회와 나눌 때 비로소 빛난다고 말합니다. 『성공 너머 성공』은 우리에게 묻습니다. "진정한 성공이란 무엇인가, 어떤 삶이 성공한 길인가."

사람은 사람의 손을 잡고 다시 일어납니다. 한 사람의 손길과 따뜻한 말 한마디가 인생을 바꿉니다. 나의 성공이 다른 이의 성공으로 이어지는 세상, 그 길을 함께 꿈꾸게 하는 책입니다.

서일정 성공사관학교 총장

수많은 성공 이야기가 넘쳐나는 시대다. 목표를 이루는 방법, 성과를 만드는 전략, 더 높이 올라가는 기술들이 강조된다. 그러나 한 가지 본질적인 질문이 남는다. "성공 이후, 무엇이 남는가?"

『성공 너머 성공』은 바로 이 질문에 답하는 책이다. 이 책은 단순한 성과와 결과를 넘어 사람이 인생을 살아가면서 "어떤 사람으로 살아갈 것인가"라는 본질적 질문을 던진다. 김요한 저자는 삶을 '숫자'가 아닌 한 사람의 인생과 한 가정의 미래로 바라보며, 성과보다 사람을 중심에 둔 철학을 보여준다.

이 책의 핵심 가치는 성공의 방법이 아니라 성공의 의미를 다시 정의하는 데 있다. 특히, 인세 전액을 소외된 이웃에게 기부하겠다는 약속은 이 책의 진정성과 방향성을 더욱 분명히 한다.

이 책은 성공을 배우는 책이 아니라 사람을 남기는 삶을 배우는 책이며 독자에게 스스로 묻도록 만든다. "나는 지금 어떤 사람이 되어가고 있는가?" 자녀에게 반드시 권할 필독서이며, 리더라면 반드시 읽어야 할 책이다.

『성공 너머 성공』은 단순한 한 권의 책이 아니라 삶의 방향을 바꾸는 질문이다.

오화종 삼성생명 서비스(주) 대표이사

『성공 너머 성공』은 보험과 금융의 현장에서 수많은 고객의 삶을 마주해온 김요한 지점장이, 그 경험을 토대로 '사람 중심의 성공'을 깊이 있게 조명한 특별한 기록입니다. 이 책에 담긴 28인의 여정은 단순한 성취가 아니라, 불확실성의 시대를 살아가는 모든 이들에게 필요한 용기와 통찰을 전달합니다.

보험업은 사람의 삶을 지키고 미래를 준비하게 하는 산업입니다. 저는 수많은 현장의 리더·FC·고객들을 통해, 진정한 성공은 위기 속에서도 흔들리지 않고 본질을 지켜낸 사람들에게 주어진다는 사실을 늘 확인해왔습니다. 이 책 속 인물들 또한 그러한 정신을 삶으로 실천해온 분들이며, 그들의 경험은 금융업 종사자뿐 아니라 모든 독자에게 깊은 울림을 줄 것입니다.

김요한 지점장은 오랜 시간 현장에서 고객과 동료를 진심으로 대하며, 성과보다 '가치'를, 경쟁보다 '상생'을, 숫자보다 '사람'을 먼저 생각해온 리더입니다. 그의 시선으로 담아낸 인터뷰들은 보험이 지향해야 할 본질(사람을 이해하고 돕는 일)을 다시 일깨워줍니다.

『성공 너머 성공』은 변화의 시대 속에서도 흔들리지 않는 리더십, 지속 가능한 성장을 위한 사고방식, 그리고 사람 중심의 경영철학을 보여주는 귀중한 책입니다.

이종은 교수, 성균관대학교 경영대학장, 경영전문대학원장

『성공 너머 성공』은 개인의 성취를 넘어 인간의 본질적 가능성을 탐구한 의미 있는 기록입니다. 김요한 지점장이 만난 28인의 생애에는 학문이 추구하는 탐구 정신과, 교육이 지향하는 성장의 가치가 깊이 스며 있습니다. 이 책은 성공을 단순한 결과가 아닌 '성장과 성찰의 과정'으로 바라보게 하며, 우리 사회가 나아갈 방향에 중요한 통찰을 제공합니다.

대학에서 저는 수많은 학생과 연구자, 그리고 각 분야의 리더들을 만나왔습니다. 그들의 공통점은 실패를 두려워하기보다 배움의 기회로 삼았다는 점입니다. 이 책 속 인물들 역시 그러한 정신을 삶으로 증명하며, 독자들에게 새로운 도전과 배움의 영감을 전해줄 것입니다.

특히 김요한 지점장은 사람을 향한 진정성, 관찰의 깊이, 그리고 '함께 성장하는 성공'을 강조하는 따뜻한 시선으로 각 인물의 여정을 담아냈습니다. 그의 기록은 지식과 실천, 리더십과 공동체적 가치가 어떻게 조화를 이루는지 잘 보여줍니다.

『성공 너머 성공』은 학생들에게는 방향을, 사회 구성원들에게는 성찰의 기회를, 미래를 준비하는 모든 이들에게는 새로운 가능성을 열어주는 귀중한 지침서가 되리라 믿습니다.

전영묵 삼성미소금융재단 이사장, 前) 삼성생명 대표이사

세상에는 많은 성공 스토리가 있지만, 그 성공이 다른 사람의 삶을 밝히는 등불이 될 때 우리는 그것을 '성공을 넘어선 성공'이라 부를 수 있습니다. 김요한 지점장의 『성공 너머 성공』은 바로 그 의미를 담은 책입니다.

김요한 지점장은 현장의 땀과 사람에 대한 진심으로 조직을 움직이는 보기 드문 리더였습니다.

이 책은 단순한 영업 성공담이 아닙니다. 실패와 도전, 사람과의 인연, 그리고 삶의 통찰이 담긴 이야기입니다. 특히 다양한 성공 사례를 통해 우리는 한 가지 중요한 사실을 깨닫게 됩니다. 성공은 혼자가 아닌 사람과 함께 이루는 것이라는 점입니다.

오늘날 우리는 '어떻게 성공할 것인가'를 묻지만, 그는 더 중요한 질문을 던집니다.

"성공 이후 우리는 무엇을 남길 것인가?"

『성공 너머 성공』은 그 질문에 대한 진솔한 답입니다. 이 책이 많은 이들에게 도전과 희망, 그리고 더 큰 성공을 향한 용기를 전해주기를 기대합니다.

조광태 기자, 스포츠서울 본부장

『성공 너머 성공』은 기록이 아닌 "사람"을 통해 성공의 본질을 다시 바라보게 하는 귀한 책입니다. 김요한 지점장이 만난 28인의 여정 속에는, 각자의 자리에서 치열하게 버티고 일어선 이들의 땀과 진심이 고스란히 담겨 있습니다.

스포츠현장을 비롯한 언론 일선에서 저는 오랜 시간 수많은 인물의 도전을 지켜보았습니다. 승부의 세계만큼이나 삶 또한 예측할 수 없지만, 결국 다시 일어서는 힘이 진짜 성공을 만든다는 사실을 늘 확인해왔습니다. 이 책 속 인물들은 바로 그 '다시 일어서는 힘'을 증명하는 사람들입니다.

김요한 지점장의 따뜻한 시선은 성공을 결과가 아닌 '함께 살아가는 가치'로 확장시키며 독자에게 새로운 용기와 방향을 제시합니다.

『성공 너머 성공』이 많은 이들의 마음에 다시 도전할 이유, 흔들릴 때 붙잡을 메시지가 되기를 바라며 진심으로 추천합니다.

진태호 변호사, 전북지방변호사회 회장

『성공 너머 성공』에 담긴 28명 리더들의 여정을 읽으며, 저 역시 제 삶의 여러 순간과 마주하게 되었습니다.

이 책은 단순한 성취의 기록이 아니라, 삶의 밑바닥에서 다시 일어서기까지의 여정, 그 여정을 견디게 한 신념과 책임, 그리고 끝내 주변 사람들과 공동체를 향해 온기를 나누고자 했던 마음이 온전히 담긴 책입니다.

저자 김요한 지점장께서는 각 인물의 진심을 끌어내는 귀한 재능을 갖고 계십니다. 인터뷰는 단순한 대화가 아니라 상대의 삶을 존중하는 경청의 과정이었습니다. 그 따뜻한 태도 덕분에 책 속 인물들의 진심과 삶의 결이 독자의 마음에 고스란히 전해집니다.

『성공 너머 성공』은 읽는 이로 하여금 스스로에게 질문하게 합니다.

"나는 무엇을 위해 일어섰는가?"

"나의 성공은 누구에게 힘이 되는가?"

이 질문을 마주하는 순간, 우리는 자연스레 성공이라는 단어의 새로운 의미를 발견하게 됩니다.

목차

항복하지 않는 영혼, 바다를 딛고 서다

프롤로그

부산의 외딴 달동네, 맞벌이 가정에서 홀로 집을 지키던 소년 강민준. 이렇다 할 재능도, 특기도 없었던 그는 '무(無) 재능'이라는 텅 빈 캔버스 위에 더 큰 상상력과 열린 마음으로 자신을 그려 나갔습니다. 생존을 위해 선택

해야만 했던 바다. 그 거친 파도 위에서 수없이 죽을 고비를 넘

나들던 청년은, 가장 깊은 절망의 순간에 신을 만납니다. 글로벌 원양어선의 젊은 선장, 강민준의 이야기는 고난이 어떻게 한 인간의 영혼을 단단하게 만들고, '비어 있음'이 어떻게 '더 큰 채움'으로 완성되는지 보여줍니다. 그가 버티고 이겨내며 개척해 온 생존의 항로를 함께 따라가 보겠습니다.

1장. 달동네 산자락 소년, 무(無) 재능의 의문

1982년 부산의 달동네, 부모님이 공장으로 출근하시면 항상 혼자였던 소년은 스스로에게 자주 물었습니다. '나는 왜 잘하는 게 하나도 없을까?' 성실하고 책임감 있는 아이였지만, 그의 마음 한구석에는 늘 '재능 없음'에 대한 의문이 자리했습니다.

"80년대 초반 부산은 지금처럼 으리으리한 국제도시의 모습과는 상당히 거리가 멀었습니다. 1/3 이상이 미개발 지역이었고, 이제 막 성장기의 문턱에 진입한 역동적인 도시였죠. 공장에서 일하시던 부모님은 언제나 바쁘셨어요. 동네 친구들과 마음껏 뛰어놀고 집에 돌아와도 항상 혼자였습니다. 이때부터 저 자신에 관한 생각을 많이 했는데, 결론은 언제나 '나는 왜 취미나 특기가 없을까?'였어요. 학교 성적도 중간인데 운동도 어정쩡하고, 무언가를 열심히 해보고 싶다는 생각도 없는 제가 스스로 이상하게 느껴졌죠."

하지만 성장하면서 그는 깨닫습니다. 어린 시절 그의 '무재능' 이야말로, 빠르게 변하는 세상을 고정관념 없이 따르고, 더 큰 상상력을 펼칠 수 있게 한 최고의 선물이었음을 말입니다.

"머리가 커질수록 세상이 달라지고 있다는 것을 느꼈습니다. 우두커니 방에 앉아 카세트테이프로 듣던 음악을 CD플레이어로 걸어 다니면서 듣게 되니까 신기했어요. 기존에 없던 것, 새로운 것에 대한 호기심을 키워갔고, 제가 딱히 잘하는 게 없다면 세상의 변화에 빠르게 적응이라도 해야 한다고 생각했습니다."

2장. 생존을 위해 닻을 올리다

편견 없이 세상의 변화에 순응하고 호기심을 키워가겠다는 소년의 다짐은 진로를 결정하는 순간에도 큰 힘을 발휘했습니다.

"제가 아홉 살 때, 가정 폭력을 견디지 못한 어머니께서 집을 나가셨어요. 이때부터 아버지와 단둘이 살게 된 저에게 외로움은 당연한 것이었습니다. 그러다 열다섯 살이 되던 해, 대장장이 기술자였던 아버지의 실직을 뒤늦게 알았어요. 이제는 외로움 위에 불안함이 더해진 셈이었죠."

큰 산과도 같았던 아버지의 부쩍 움츠러든 뒷모습을 보며 소년의 어깨 위로 '생존'이라는 무거운 짐이 내려앉았습니다. 하루빨리 집을 떠나 가계에 보탬이 되고 싶었던 그는 바다로 눈을 돌렸습니다.

"부산이 고향이라, 주변에서 원양어선 이야기를 자주 듣고 자랐습니다. 저에게 배는, 외롭고 막막한 현실을 벗어날 수 있는 유일한 탈출구였습니다."

그는 중학교 졸업과 동시에 해사고에 입학했습니다. 그리고 그해 가을, 낚시를 가셨던 아버지가 심장마비로 갑작스럽게 세상을 떠났습니다. 세상에 홀로 남겨진 그는 살아남기 위해 더 치열하게 공부하고 노력할 수밖에 없었습니다.

3장. 스무 해의 대항해, 죽음의 고비를 넘다

열여덟 살, 산업 특례로 처음 실습선을 타고 망망대해에 오른 고등학교 3학년까지 급여 18만 원을 받으며 실습에 임했습니다. 그는 이후 20년간 바다 위에서의 생활을 이어갔고, 최소 열 번 이상의 죽을 고비를 넘겼습니다.

"폭풍 속에서 파도에 휩쓸려 배 밖으로 추락했다가, 기적처럼 다시 배를 붙잡은 적도 있습니다. 이틀 반을 꼬박 새우며 일하다 정신이 혼미해지기도 했고, 잠깐의 방심이 생사를 가르는 아찔한 순간들도 수없이 마주했죠."

그는 스스로 절체절명의 위기를 넘긴 것뿐만 아니라 수많은 동료의 죽음과 장애를 목격하며, 생과 사를 관장하는 거대한 존재를 온몸으로 느끼게 됩니다.

"예전엔 한 귀로 흘려들었던 '인명(人命)은 재천(在天)'이라는 말의 의미를 이때 깨달았습니다. 철저히 준비하고 인원을 배치하여 익숙한 항로로 나간다 해도 사고는 언제 생길지 모를 일이었어요. 사고가 꼭 사망으로 직결되는 것도 아니었고요. 설명할 수 없는 일들을 직접 겪으면서 '신의 존재'를 떠올리기도 했습니다."

4장. 가장 깊은 절망에서 하나님을 만나다

바다가 좋아서 시작한 일이었지만 뱃사람으로 산다는 건 기다림과 하나가 되는 삶이기도 했습니다. 그는 상선이 운행하지 않는 휴식을 취하는 휴가 기간에 보다 안정적인 수입을 얻고 새로운 경험을 쌓고자 자영업을 병행했습니다.

"부산 유엔공원 근처에 가게를 얻어 세계 맥주 전문점을 열었습니다. 대학가라 유동 인구가 많았지만, 동네 사랑방처럼 운영했어요. 그러다 보니 영업하시는 분들도 편히 드나들었고 자연스레 친해졌습니다."

인연이 시작된 사람들 가운데는 독실한 크리스천이 있었습니다. 그분의 전도로 교회를 처음 접하게 된 강민준 선장은, 원래 신앙이 있던 사람처럼 교회 출석 이후 새 삶을 살게 되었습니다.

그러다 또 한 번의 시련과 정면으로 마주칩니다. 최선을 다해 일했지만, 낡은 로프가 끊어진 사고로 인해 그는 거대 선사의 '을 블랙리스트'에 오르는 억울한 일을 겪습니다. 인간의 힘으로는 어찌할 수 없는 '불가항력' 앞에, 그의 모든 것이 무너져 내렸습니다.

"믿을 것은 하나님밖에 없었습니다. 고객이자 전도사님의 인도로 교회를 처음 찾게 되었죠. 무엇에 홀린 듯, 예배가 시작되고 끝날 때까지 6주 내내 원인 모를 눈물이 멈추지 않았습니다. 목사님의 기도가 저를 향한 순간, 두 시간 동안 목 놓아 울어버렸습니다."

그는 깨달았습니다. 자신이 너무 늦게 왔지만, 하나님은 언제나 그를 기다리고 계셨다는 것을 말입니다.

5장. 고난은 시련이 아닌, 경험과 교훈

하나님과 동행하면서, 그의 삶을 덮쳤던 모든 고난은 '경험'과 '교훈'이라는 이름으로 바뀌었습니다. 영국의 작가 C.S. 루이스는 "고난은 종종 평범한 사람들을 특별한 운명에 대비하게 한다"라고 말했습니다. 강민준 선장에게 망망대해의 폭풍우는 더 이상 두려움의 대상이 아닌, 자신을 더 단단한 선장으로 만드는 담금질의 과정이었습니다.

"망망대해에서 폭풍우를 만나는 것은 여전히 힘들고 어려운 일입니다. 하지만 이제는 그것을 대하는 태도가 달라졌습니다. 두려움이 아닌 담대함으로, 시련이 아닌 경험으로 받아들이게 된 것입니다."

긍정적인 마음을 갖고 부드러운 눈으로 세상을 바라보며 그는 더 이상 누군가를 탓하거나 피하지 않게 되었습니다. 그리고 이 모든 것은 신앙을 가진 결과로 받아들이고 있습니다.

6장. 후회 없는 항해, 현재라는 이름의 항구

과거로 돌아가고 싶지 않냐는 질문에, 그는 단호하게 고개를 저었습니다. 후회나 아쉬움 때문이 아니었습니다. 오히려 수많은 선택이 모여 만들어진 지금의 자신을 온전히 긍정하기 때문이었습니다.

"단호하게 말하면, 돌아가고 싶지 않습니다. 과거가 괴로워서가 아닙니다. 그때부터 지금까지, 저는 망망대해 위에서 수만 번의 키를 돌렸을 겁니다. 그 작은 선택 하나하나가 모여 지금의 저를, 지금의 항해를 만들었지요. 30년 전에 다른 항로를 택했다고 해서 제 삶 전체가 바뀔 수는 없습니다. 매 순간의 선택들이 모여 지금의 저를 이루고 있는 이유입니다."

그에게 과거는 이미 지나온 바닷길과 같았습니다. 그렇기에

만약 과거의 자신과 마주한다면, 그가 해주고 싶은 말은 책망이나 조언이 아닌, 따뜻한 위로와 사랑, 단 하나뿐입니다.

"따라서 30년 전으로 돌아간다고 할지라도 제가 꼭 해주고 싶은 말은 '사랑한다, 나의 영혼아!' 그 말 두 마디면 충분할 것 같습니다. 현재의 내가 중요하고, 앞으로 나아갈 길이 더 중요하니까요."

7장. 내가 태어나기 전보다 더 나은 세상으로

그에게 인생의 항해는 단순히 돈과 물질이라는 목적지를 향해 달려가는 경주가 아니었습니다. 그는 평온한 바다 위에서, 그리고 자신의 내면을 깊이 들여다보는 과정 속에서 삶의 더 큰 의미를 발견해 왔습니다.

"대부분의 사람이 왜 태어났는지, 자신이 누구인지도 모른 채 앞만 보고 달려갑니다. 하지만 돈과 물질이 인생의 모든 것이 될 수는 없습니다. 수많은 재력가가 성공이라는 이름 아래 모든 것을 거머쥐지만, 정작 그 과정에서 자기 자신을 잃어버리는 모습을 너무나 많이 봅니다. 삶의 의미를 모르고 맞이하는 죽음이 무슨 의미가 있을까요? 저는 세상에 태어난 이유와 '나'라는 존재의 정체성을 아는 것, 그리고 무엇이 나를 진정으로 행복하게 만드는지에 대한 답을 찾아가는 과정이 무엇보다 중요하다고 믿습니다.”

그가 찾은 답은 명쾌했습니다. 바로 ‘내가 태어나기 전보다 더 나은 세상을 만들고 떠나는 것’입니다. 그는 이 거창해 보이는 명제를, 아주 작고 구체적인 실천으로 증명해 보입니다.

“쉽게 설명해 볼까요? 한 사람이 평생 배출하는 탄소량은 나무 약 67그루가 정화하는 양과 비슷하다고 합니다. 그렇다면 아주 간단한 계산이 나오죠. 내가 평생 67그루보다 더 많은 나무를 심는다면, 적어도 지구 환경에 있어서만큼은 제가 태어나기 전보다 더 나은 곳이 되지 않겠습니까? 바로 그런 이치입니다.”

그는 이처럼 작은 실천을 통해, 자신의 삶이 세상에 선한 흔적을 남기기를 소망합니다.

8장. 살아남는 자만이 기회를 잡는다

수많은 죽음의 고비를 넘나들며, 그는 ‘생존’이야말로 모든 기회의 전제 조건임을 온몸으로 깨달았습니다. 삶의 가장자리에서 길을 잃고 절망하는 이들에게, 그는 섣부른 위로나 공감 대신, 바다 위에서 체득한 가장 근본적이고 현실적인 진리를 건넵니다.

“지금 당신이 겪는 고통이 당신 혼자만의 것이라고 생각하지 마십시오. 지금 이 순간에도 수없이 많은 사람들이 당신과 비슷한 처지에서, 보이지 않는 파도와 싸우고 있는 것이 세상의 이치이자 현실입니다.”

그에게 중요한 것은 고통의 유무가 아니라, 그 고통 속에서도 ‘살아남겠다’라는 의지입니다. 폭풍우가 몰아치는 갑판 위에서, 생명의 동아줄을 놓지 않았던 그날의 자신처럼, 그는 절망에 빠진 이들에게 삶이라는 밧줄을 놓지 말라고 힘주어 말합니다.

“살아 있어야 기회도 옵니다. 그리고 살아남은 자만이 그 기회를 잡을 수 있습니다. ‘고난과 역경이 클수록 그 열매는 달다’라는 흔한 말이 있죠. 하지만 저는 이 말보다 더 중요한 진실이 있다고 믿습니다. 그 달콤한 열매를 맛보기 위해서는, 어떻게든 살아남아 열매가 열리는 계절까지 버텨내야만 한다는 사실입니다. 그러니 포기하지 마십시오. 당신이 살아 숨 쉬는 한, 항해는 아직 끝나지 않았습니다.”

9장. 믿음, 소망, 사랑이라는 세 개의 닻

그는 거친 바다 위에서도 길을 잃지 않도록 자신의 인생 항해를 이끌어준 세 개의 단단한 닻이 있다고 말합니다. 바로 ‘믿음, 소망, 사랑’입니다.

“첫째는 믿음입니다. 저는 두 가지 믿음을 이야기합니다. 하나는 하나님에 대한 절대적인 믿음입니다. 그리고 다른 하나는 사람에 대한 믿음인데, 이는 조금 다릅니다. 사람을 믿지 말되, 의심도 하지 말라는 것입니다. 믿기도 전에 상대를 부정적으로 평가하지 말고, 그렇다고 너무 맹신하여 스스로 불행해지지도 말라는 뜻입니다. 그래야 관계가 깨지지 않고 오래 지속될 수 있습니다.

둘째는 소망입니다. 이는 욕심이 섞인 희망과는 다릅니다. 소망은 행복과 연결되어 있습니다. 평소에는 너무 흔해서 소중한 줄 몰랐던 것들, 그 아주 작은 것들에 대해 감사하는 마음. 그것이 바로 소망입니다."

마지막은 사랑입니다. 주는 자의 기쁨은 받는 자의 기쁨보다 더 큽니다. 그렇기에 주는 사람이 더 큰 부자입니다. 가진 것이 없어서 사랑할 수 없다는 말은 틀렸습니다. 따뜻한 미소, 다정한 말 한마디, 그리고 상대방의 말을 끝까지 들어주는 경청의 자세. 이 모든 것이 사랑의 범주에 들어가니까요."

10장. 죽기 전, 마지막 한 그루의 나무

인생의 항해가 6개월밖에 남지 않았다면, 그는 무엇으로 자신의 마지막 닻을 내리고 싶을까요? 그의 대답은 망설임 없이, 다시 한번 세상을 향한 그의 깊은 사랑을 보여주었습니다.

"죽기 전까지 한 그루의 나무라도 더 세상에 심고 갈 것입니다. 제가 잠시 머물렀던 이 지구가, 제가 존재하기 전보다 조금이라도 더 나은 곳이 된다면, 그보다 더 좋은 일은 없을 겁니다."

그에게 마지막 6개월은 삶을 정리하는 시간이 아니라, 다음 세대를 위해 자신의 모든 것을 쏟아붓는 마지막 봉사의 시간입니다. 수많은 죽음의 고비를 넘기며 얻은 '살아있음'에 대한 감사를, 그는 마지막 순간까지 '살리는 일'로 되돌려주고자 하는 것입니다.

"그래서 저는 6개월의 시한부 삶이 주어진다면, 그 시간 전부를 남은 후손들이 더 좋은 환경에서 살아갈 수 있도록 사력을 다해 나무를 심다가, 조용히 저세상으로 돌아가고 싶습니다."

그의 마지막 꿈은 자신을 위한 것이 아니었습니다. 한평생 자신을 품어준 땅과 바다, 그 위에 살아갈 다음 세대를 향한, 한 선장의 가장 깊고 푸른 사랑이었습니다.

에필로그

강민준 선장의 삶은, 재능이 아닌 고난과 믿음으로 자신의 항로를 개척한 한 청년의 위대한 기록입니다. 그는 '무재능'이라는 빈손으로 시작해, '생존'이라는 절박함으로 바다에 섰고, '신앙'

이라는 돛을 달아 세상의 모든 파도를 넘어왔습니다.

그의 이야기는 성공의 정의를 다시 씁니다. 성공이란 무언가를 성취하는 것이 아니라, 어떤 고난 속에서도 '항복하지 않는 영혼'을 지켜내는 과정 그 자체라고 말입니다. 그는 오늘도 길 위에서 망설이는 우리에게 말합니다.

"고난과 역경이 클수록 그 열매는 답니다."

그가 자신의 삶으로 증명한 단 하나의 진리를 오랫동안 기억하겠습니다.

★★★★★

강민준 선장의 성공 철학

항목	내용
1. 성공요인	무재능의 선물, 신앙과 믿음, 경청의 능력, 자연과 환경 사랑
2. 핵심 노하우	고난 해석 전환법, 경청 리더십, 자연과 교감 루틴, 소망 관리, 죽음 인식 활용
3. 원칙과 습관	믿음의 원칙, 소망의 습관, 사랑의 실천, 환경 실천, 과정 중심 태도
4. 성장 배경	부산 외곽 달동네 출생 – 맞벌이 부모 밑에서 외아들로 출생 유년시절 '재능 없음'에 고민 – 후에 상상력과 열린 자세로 전환
5. 성공 분야	글로벌 선사와의 커뮤니티 형성, 리더십, 신앙적 자기 경영, 환경 보호 활동
6. Insight	무재능도 자산, 경청이 경쟁력, 조급함보다 때가 되면 꽃이 핀다 삶의 유한성은 '지금 최선'을 살도록 이끈다
7. 성현/명사	세상에 각자 꽃이 피는 시기가 있다 – 공자 범사에 기한이 있고 천하만사가 다 때가 있다 – 에클레시아스(전도서)

프롤로그

스물넷, 청년 사장이 된 한 남자가 있었습니다. 그리고 바로 그해, 그는 18억 원의 빚더미와 함께 세상의 가장 깊은 수렁으로 떨어졌습니다. 모든 것을 포기할 수도 있었던 순간, 그의 발목을 붙잡은 것은 꺼지지 않는 욕심이나 성공을

향한 야망이 아니었습니다. 바로, 평생 땔감을 팔아 자식을 키워낸 '어머니'의 얼굴이었습니다. 고광남 대표의 이야기는 단순한 성공 신화가 아닙니다. 절망의 끝에서 붙잡은 단 하나의 이유, 어머니를 향한 사랑과 자기 삶에 대한 책임이 무너진 인생을 어떻게 다시 지어 올릴 수 있었는지 보여주는 위대한 증거입니다.

1장. 땅끝 소년, 가장의 무게를 짊어지다

1971년 전남 해남, 다섯 남매의 장남으로 태어난 그의 유년 시절은 책임감의 다른 이름이었습니다. 위암으로 고통받던 아버지를 위해 모든 것을 쏟아부었지만, 아버지는 그가 고등학생이 되던 해에 세상을 떠났습니다. 그날부터 그는 소년이 아닌, 한 집안의 가장이 되어야 했습니다.

"어머니가 산에서 주워 온 땔감을 내다 팔아 생계를 이어갔습니다. 하루 세 끼 챙겨 먹는 건 사치라 할 만큼 동생들부터 먹이고 나면 저랑 둘째는 굶기 일쑤였죠. 그래도 배고픈 건 참을 만했는데, 아버지의 빈자리가 느껴지는 건 견디기 힘들었어요. 밤마다 자식들 몰래 눈물짓는 어머니를 위해서라도 제가 힘을 보태야 한다고 결심했습니다."

결국 그는 학업을 중단하고 서울행 기차에 몸을 실었습니다.

2장. 스물넷 청년 사장, 18억의 빚을 지다

　서울 성수동 프레스공장에서 낮에는 기술을, 밤에는 직업훈련소에서 지식을 익히며 그는 누구보다 치열하게 살았습니다. 그러다 젊은 나이에 도매 유통업에 뛰어들며 이른 성공을 꿈꾸게 되었습니다.

　"공장에서 일하며 악착같이 돈을 모았고, 좋은 인연도 많이 만났습니다. 지금은 너무나 익숙한 '천원샵'이 당시엔 신선한 혁명 그 자체였어요. 친하게 지내던 형이 '천냥하우스'라는 매장의 동업을 제안했고 저도 잘될 거란 확신이 있었습니다. 갖고 있던 전 재산을 모아 사업에 쏟아부었고 처음엔 예상대로 잘됐어요. 나날이 경신되는 일 매출 기록을 보면서 '인생이 이렇게 피는구나' 싶었죠. 형님이 실수하기 전까지는 정말 행복했습니다."

　세상은 가혹했고 그의 행복은 오래가지 못했습니다. 재무를 맡았던 동업자가 무리하게 발행한 어음이 부도 처리되면서 1995년, 그의 사업은 순식간에 무너져 내렸습니다. 스물넷 청년의 어깨에는 18억 원이라는 숫자의 거대한 묘비가 세워졌습니다.

3장. 어머니, 다시 일어설 단 하나의 이유

"솔직히, 모든 걸 끝내고 싶다는 생각도 했습니다. 그런데 그 마지막 순간, 평생 저와 동생들을 위해 땔감을 팔던 어머니 얼굴이 떠올랐습니다. 차마… 그럴 수가 없었습니다."

절망의 가장 깊은 곳에서 그를 건져 올린 것은 사업적 비전이 아닌, 어머니의 얼굴이었습니다. 그는 자신을 위해서가 아니라, 어머니와 가족에게 더 큰 고통을 안겨드릴 수 없다는 단 하나의 이유로 다시 일어설 것을 결심합니다. 그는 맨몸으로, 모든 것을 처음 시작했던 건설 현장으로 돌아갔습니다.

4장. 현장에서 다시 쌓아 올린 신뢰

그는 기술자격증 덕분에 광양제철소라는 안정적인 직장에 입사했지만, 그의 어깨를 짓누르는 빚의 무게는 주말의 휴식마저 허락하지 않았습니다. 목표는 오직 하나, 18억 원의 빚을 모두 갚는 것이었지요. 그는 주말마다 건설 현장을 찾아 흙먼지 속으로 기꺼이 들어갔습니다.

매일같이 초심을 되새기며, 그는 현장에서 누구보다 성실하게 일했습니다. 그의 빠른 일 처리와 예리한 손 감각, 그리고 무엇보다 절박함이 묻어나는 남다른 열정은 얼마 안 가 현장 임원의 눈에 띄었습니다. "당장 우리 팀으로 오라"는 제안을 받았을 때, 그는 안정적인 정규직을 미련 없이 내려놓고 다시 한번 거친 건설 현장에 자신의 모든 것을 걸었습니다. 그의 전략은 단순했지만, 누구도 흉내 낼 수 없는 것이었습니다.

"저는 항상 누구보다 일찍 현장에 도착했습니다. 현장에선 무엇이든 먼저 확인하고 행동했어요. 이렇게 하지 않으면 빚을 갚을 수 없다는 절실함이 있었죠. 이게 저만의 영업 방식이자 기술이었고, 마케팅이었습니다."

그의 비범한 성실함은 가장 강력한 무기가 되어 금세 인정을 받았고, 스물여덟의 나이에 업계 최연소 목수 팀장이 되어 200여 명을 이끄는 공사 관리자로 성장했습니다. 그리고 마침내, 건설업계에서 단단히 입지를 굳힌 그는 10여 년간 자신을 짓눌렀던 18억 원의 빚을 모두 청산할 수 있었습니다. 건설 현장의 흙먼지 속에서, 그는 무너졌던 인생과 함께 신뢰라는 가장 단단한 성공의 기초도 다시 쌓아 올리고 있었습니다.

5장. 드디어, 희망을 건설하다

무거운 짐을 벗어 던진 그를 막을 것은 이제 없었습니다. 현장에서 쌓은 신뢰와 기술력을 바탕으로 2013년, 마침내 자신의 이름을 건 회사를 세웠습니다. 한때 18억의 빚을 졌던 스물넷 청년은, 연 매출 1,000억 원이 넘는 건실한 건설회사의 대표가 되어 세상 앞에 당당히 섰습니다.

"처음엔 믿기지 않았습니다. 10년이 넘는 시간 동안 제 이름 앞에는 늘 '18억의 빚'이라는 꼬리표가 붙어 다녔는데, 제 이름을 내건 회사라니요. 스물넷에 모든 걸 잃었던 그 청년이, 중년이 되어 세상에 자기 이름으로 된 문패 하나를 단 셈이잖아요. 어머니의 눈물과 제 땀으로 쌓아 올린 지난날을 떠올리며, 회사 앞에 한참을 서 있었습니다."

6장. 성공을 지탱하는 세 개의 기둥

그에게 성공의 비결을 묻자, 세 개의 단어가 돌아왔습니다. 바로 '성실, 신뢰, 배려'입니다.

"결국 사업도 사람이 하는 일입니다. 제가 먼저 성실하게 움직여야 상대방이 저를 신뢰하고, 그렇게 쌓인 신뢰를 바탕으로 서로 배려할 때 비로소 일이 풀립니다. 이 세 가지가 없었다면 지금의 저도 없었을 겁니다."

누구보다 먼저 현장을 살피는 성실함, 어떤 약속도 반드시 지키는 신뢰, 함께하는 동료를 먼저 생각하는 배려. 이 세 개의 단단한 기둥이, 18억의 빚더미 위에서 위태롭게 서 있던 그를 마침내 탄탄한 기업의 대표로 세운 것입니다.

7장. 과거를 돌아보지 않는 이유

수십 년의 세월을 거쳐 정상에 오른 그에게 과거로 돌아가고 싶지 않냐고 묻자, 그는 단호하게 고개를 저었습니다.

"저는 지금의 제 모습이 가장 좋습니다. 고되고 아팠던 과거로 다시 돌아가고 싶지는 않습니다. 이미 지나간 일들은 그 자리에 두고, 앞으로 어떻게 살아갈 것인지 그것만 생각할 뿐입니다."

그의 시선은 언제나 과거가 아닌 미래를, 후회가 아닌 희망을 향해 있습니다. 앞으로 회사를 더욱 확장하고, 유능한 전문경영인이나 자격을 갖춘 자녀에게 안정적으로 승계하여 100년 기업의 초석을 다지는 것이 그의 새로운 목표입니다.

8장. 나의 뿌리 어머니, 나의 버팀목 가족

고광남 대표에게 '가족'은 그가 살아가는 이유이자 가장 큰 버팀목입니다. 특히, 땔감을 주워 팔며 다섯 남매를 키워낸 어머니에 대한 그의 사랑은 세월이 흘러도 변함이 없습니다.

"저도 부모가 돼보니 어머니의 고생했던 시절이 더욱 절절히 떠오릅니다. 어머니께 아무리 감사하다, 사랑한다고 말씀드려도 지난 세월을 돌이킬 수는 없죠. 아무 일 없이 지금 이렇게 살아있는 것도 결국은 어머니의 은혜라고 생각합니다."

'어머니' 이야기를 하기만 해도 일순간 변하는 그의 눈빛과 목소리엔 따스함이 배어 있습니다. 그가 이룬 성공이 어디에서 비롯된 것인지 다시 한번 깨닫는 순간입니다. 사랑을 아는 사람은 기를 쓰고 이 사랑을 나누려 합니다. 그는 지금도 가족 모두의 행복을 바라며 사랑을 전합니다.

9장. 인생의 기준이 된 세 가지

그의 인생에서 가장 중요한 가치는 무엇일까요? 그는 가족, 그리고 성공의 세 기준이었던 성실·신뢰·배려와 함께, 마지막으로 '자기 자신에 대한 사랑'을 꼽았습니다.

"결국 자기 자신을 사랑할 줄 아는 사람만이, 다른 사람을 위하는 삶도 시작할 수 있다고 믿습니다."

문득 미국의 작가 마야 안젤루를 떠올립니다. "나는 자기 자신을 사랑하지 않으면서 나에게 '사랑한다'고 말하는 사람을 믿지 않는다"라고 전했던 안젤루의 생각이 고광남 대표의 인생 철학과 꼭 닮아 있습니다. 스스로를 귀하게 여길 줄 아는 마음이, 가족과 동료를 향한 진정한 사랑으로 이어진다는 그의 철학에서 단단한 내면의 힘이 느껴집니다.

10장. 마지막 순간에 남기고 싶은 것

인생의 마지막 6개월이 주어진다면? 그의 대답은 소박하지만 명확했습니다.

"자산을 잘 정리해서 남은 가족들이 다투지 않도록 하고, 그동안 함께 고생했던 동료들, 그리고 사랑하는 가족들과 함께 여행하며 남은 시간을 오롯이 나누고 싶습니다."

그에게 돈보다 중요한 것은 언제나 '사람들과의 시간'이었습니다. 세상으로부터 받았던 사랑을, 마지막 순간까지 다시 나누는 삶. 그것이 18억의 빚을 딛고 일어선 한 남자가 꿈꾸는 가장 아름다운 삶의 마무리였습니다.

에필로그

18억 원의 빚이라는 절망의 늪을 빠져나온 비법은 재기를 향한 열망이 아니었습니다. 자신을 위해 평생 헌신한 어머니를 차마 저버릴 수 없다는, 아들로서의 지극한 책임감이었습니다. 그의 삶은 보여줍니다. 성공이란, 포기할 수 없는 단 하나의 이유를 가슴에 품는 것에서 비롯된다는 것을. 그는 자신의 두 손으로 흙을 파고 벽돌을 쌓아 올리듯, 무너졌던 인생을 한 층 한 층 다시 건설했습니다. 이 글을 읽는 당신에게 묻고 싶습니다. 만약 모든 것이 무너지는 절망의 순간이 찾아온다면, 당신을 다시 일으켜 세울 단 한 사람은 누구입니까?

★★★★★

고광남 대표의 성공 철학

항목	내용
1. 성장 배경	전남 해남 출신, 가난과 부친의 질병 속에서 자란 장남, 학업 중단 후 산업 현장 진출
2. 성공 분야	전문 건설업(현장 기술 기반 시공사), 연 매출 1천억 원 이상 성장
3. 성공 요인	극복 의지, 책임감, 가족사랑, 위기에서 기회를 찾는 회복력
4. 핵심 노하우	부지런함, 성실함, 현장 중심 리더십, 기술과 영업을 아우르는 종합적 실천력
5. 원칙과 습관	남보다 먼저, 더 많이, 더 꼼꼼하게! "성실, 신뢰, 배려"라는 사훈과 일관된 행동 실천
6. Insight	노력은 배신하지 않는다. 어려운 환경 속에서도 끊임없이 도전하면 기회는 반드시 온다는 교훈 제공
7. 성현/명사	성실은 사람됨의 근본이요, 모든 성공의 뿌리다 – 맹자 노력은 나를 배신하지 않는다. 위기 속에서 기회를 찾는 자가 결국 승리한다 – 맹자

프롤로그

'성공'이라는 단어 앞에서 우리는 종종 거창한 이야기를 기대합니다. 하지만 박상순 대표의 삶은 진짜 성공이 화려한 스토리가 아닌, 오랫동안 다져진 정직한 습관과 태도의 결과임을 보여줍니다. 마흔에 두 번의 실패를 겪고 제주로 돌아와 작은 창고에서 다시 시작한 남자. 자본도, 기술도, 온라인 경험도 없었던 그는, 20여 년이 흐른 지금 단단한 신뢰를 바탕으로 한 온라인 쇼핑몰의 주인이 되었습니다. 늦게 피었어도 누구보다 단단한 열매를 맺은 그의 이야기는, 우리에게 '가장 정직한 성공'의 길을 보여주며 속삭입니다. "늦어도 괜찮습니다."

1장. 제주의 막내아들, 서울을 돌고 돌아 다시 제주로

1964년 제주 한경면, 그는 아버지의 병환과 생활고 속에서 일찍 철이 든 4남매의 막내였습니다. 고등학교 2학년을 중퇴하고 서울 구로공단으로 향한 그는, 12시간씩 일하며 기술을 익혔습니다.

"그때 익힌 기술이 언젠가 제 밥벌이가 될 거라 믿었습니다. 맨몸으로 시작했지만, 기술을 더하면 못 할 게 없다고 생각했죠. 몸은 고돼도 미래를 위한 저축이라 여기며 힘을 냈습니다."

산업설비와 공장 유지보수 등 현장 기술직으로 꾸준히 실력을 갈고닦은 그는 중소 제조사의 납품 영업직으로 전환합니다. 그는 각종 제품을 수도권에 납품하며 거래처 관리와 재고 운영, 가격 협상까지 익힐 수 있었고, '장사란 결국 사람과 신용'이라는 돈보다 중요한 철학을 배웠습니다. 하지만 IMF 외환위기의 파도는 그를 비껴가지 않았고, 수차례의 실직 끝에 그는 결심합니다.

'남 밑에서 흔들릴 바엔, 내가 책임질 수 있는 내 길을 걷자.'

2001년, 그는 그렇게 모든 것을 처음 시작할 땅, 제주로 돌아왔습니다.

2장. 마흔 살, 창고 하나로 시작한 도매상

고향에 돌아온 안도감도 잠시, 그는 제주시 외곽에 작은 창고를 얻어 생활잡화 도매업을 시작했습니다. 서울에서 익힌 루트를 활용해 물건을 떼어오고, 직접 발로 뛰며 납품할 만한 상점의 문을 두드렸습니다.

"전단지 한 장이라도 더 돌리고 전화 한 통이라도 더 걸어서 거래처를 확보해야 했어요. 박스를 이고 지고 돌아다니는 모습이 안쓰러웠는지, 많은 분이 기꺼이 인연을 맺어주셨습니다."

하나둘 거래처가 늘고 장부에 매출이 쌓이며, 그의 제주에서의 첫 번째 사업은 순조롭게 자리를 잡는 듯했습니다.

3장. 2008년 금융위기, 모든 것을 내려놓을 위기

직원까지 둘 만큼 성장했던 사업은, 2008년 금융위기 앞에 다시 한번 속수무책으로 무너졌습니다. 거래처 절반이 연체되며 8천만 원의 미수금이 발생했고, 자금은 바닥을 드러냈습니다.

"각자 사정들이 있기에 누군가를 미워할 수만은 없었죠. 하지만 제가 감당해야 할 월세와 인건비 또한 막막했습니다."

그는 결국 창고를 줄이고 직원을 정리하며, 다시 한번 빈손의 1인 체제로 돌아가야 했습니다. 그의 인생에 또 한 번의 겨울이 찾아온 것입니다.

4장. 온라인이라는 낯선 기회와의 첫 만남

2012년, 다시 홀로 남겨진 그에게 대학생 딸이 네이버 스마트스토어라는 새로운 길을 보여주었습니다. 온라인에 익숙지 않은 그에게는 모든 것이 낯설고 어려운 도전이었습니다.

"제가 파는 제품이지만 직접 사진을 찍고 글을 쓴다는 게 처음엔 좀 창피했습니다. 제품 하나 올리는 데 하루를 꼬박 쓰기도 했죠."

하지만 몇 주가 지나자 기적처럼 주문이 늘기 시작했고, 어느새 고객층은 제주를 넘어 전국으로 확대되었습니다. 오프라인 시장에만 머물렀던 그의 유통 인생이, 낯선 온라인의 세계에서 새로운 전환점을 맞이하는 순간이었습니다.

5장. 리뷰에서 배우고, 제품에서 길을 찾다

라인 세상은 그에게 새로운 스승을 선물했습니다. 바로 고객들이 남긴 '리뷰'였습니다. "포장에서 정성이 느껴진다"라는 한 줄의 리뷰는, 그에게 '포장'이 고객을 만나는 첫인사임을 깨닫게 했습니다. "선물용으로 구입했는데 반응이 좋았다"라는 리뷰에선 폭넓은 연령층을 고려한 상품 구성의 필요성을 절감하기도 했습니다.

"난생처음 확인한 소비자의 반응은 그 자체로 감동을 주었고 사업의 방향성이 됐습니다. 고객의 리뷰를 읽고 또 읽으며, 패키지를 바꾸고 상세페이지에 더욱 정성을 들였죠."

그는 단순한 제품 발송을 넘어 '감성을 전하는 브랜딩'에 도전하기 시작했습니다.

6장. 정직이 브랜드가 되다

광고비 한 푼 쓸 여유가 없었던 그는, 오직 진심 어린 고객 응대와 정확한 배송, 그리고 빠른 일 처리로 브랜드를 키웠습니다. '정직한 진심' 하나로 승부수를 던진 것입니다. 불편함을 전하는 고객에겐 직접 전화를 걸어 사과했고, 택배에는 손편지를 한 장씩 끼워 넣었습니다.

"온라인 유통이라 얼굴은 볼 수 없지만, 희한하게도 그래서 더 진심이 전달되더군요."

작지만 울림이 컸던 그의 방식은 "여기 제품은 믿을 만하다"라는 입소문을 낳았고, 이렇게 쌓인 '신뢰'는 돈으로 살 수 없는 가장 강력한 브랜드가 되었습니다.

7장. 나눔과 멘토링, 두 번째 인생의 시작

매출이 안정되자, 그는 자신처럼 어려움을 겪는 제주의 소상 공인들을 위해 무료 창업 세미나를 열기 시작했습니다. 중장년 맞춤형 유통 멘토가 된 그는, 기술보다 중요한 것은 '용기'임을 깨달았습니다.

"생각한 것을 바로 실천할 줄 아는 용기가 있어야 합니다. 그리고 저처럼 시작이 조금 늦은 소상공인들에게 필요한 건 대단한 정보보다, '당신도 할 수 있다'라는 따뜻한 격려였어요."

"천리 길도 한 걸음부터"라는 노자의 말처럼, 그는 지금 망설이는 이들이 그 첫발을 뗄 수 있도록 등을 밀어주는 든든한 동반자가 되고 있습니다.

8장. 가족 기업, 함께 브랜드를 만들다

사업 규모가 커지면서 아내와 딸도 합류하여 그의 회사는 '가족 기업'이 되었습니다. 초기에는 갈등도 있었지만, 역할과 책임을 명확히 나누면서 이들은 삶의 목표를 함께 공유하는 '꿈의 동반자'가 되었습니다.

"아내와 딸이 각자의 방식대로 의견을 낼 때, 대표이자 가장으로서 조율하기가 쉽지 않았습니다. 무엇보다 어려웠던 건 가족도 회사의 한 구성원으로 존중해야 한다는 의식을 세우는 것이었죠. 고민 끝에 고객 응대는 아내가, 제품 디자인과 브랜딩은 딸이, 전체 기획과 제품 구성은 제가 책임집니다. 이제 우리 셋은 같은 곳을 바라보며 함께 꿈꾸는 동반자입니다.”

가족이 똘똘 뭉친 그의 브랜드는 신뢰와 정성을 담은 ‘제주형 생활 브랜드’로 굳건히 자리 잡았습니다.

9장. 확장보다, 오래가는 길을 선택하다

대형 플랫폼의 입점 요청도 있었지만, 그는 안정과 지속가능성을 택했습니다. 지역 생산자와 협업하고, 수익의 일부는 청년 창업 후원에 사용하며 더불어 사는 길을 걷습니다.

“이제 더 크기보다는, 이 자리에서 오래 남고 싶습니다.”

외형보다 내실, 숫자보다 가치를 추구하는 그의 철학에서, 늦게 피었기에 더 단단한 그의 삶의 방식이 엿보입니다.

10장. 포기하지 않은 나의 이야기, 누군가의 용기가 되길

그간 축적해 온 자산 중 가장 큰 것이 무엇인지 묻자, 그는 망설임 없이 답했습니다.

"돌이켜 보면, 제가 가진 가장 큰 자산은 수많은 실패에도 불구하고 '포기하지 않은 나 자신'이었습니다. 늦은 시작이 두려운 사람들에게, 제 이야기가 작은 용기가 되기를 바랍니다."

그는 여전히 직접 상품을 고르고 리뷰를 하나하나 꼼꼼히 읽으며, 다음 시즌을 기획합니다. 이토록 성실한 리더가 만들어 내는 성공 스토리에 마침표가 있을까요? 우리는 그의 살아있는 다음 이야기를 계속해서 듣고 싶습니다.

에필로그

'박상순'이라는 이름은 거창한 배경 없이도 스스로 길을 만들어 온, 평범하지만 단단한 사람의 기록입니다. 그는 무언가를 망설이는 당신에게 이렇게 말합니다.

"너무 늦은 것 같아서, 가진 게 없어서, 혼자라서 불안하고 외롭다면 제 이름 석 자 '박상순'을 떠올려 주세요. 무자본, 무기술로 시작해 '신뢰' 하나만으로 브랜드를 만든 제 이야기를 기억해 주세요. 오늘 시작하시면 됩니다. 지금이 가장 빠른 시간입니다."

그의 따뜻한 메시지가, 시작이 두려운 당신에게 희망의 속삭임이 되기를 응원합니다.

★ ★ ★ ★ ★

박상순 대표의 성공 철학

항목	내용
1. 성공 요인	7전8기의 도전 정신과 포기하지 않는 끈기 정직과 신뢰를 바탕으로 한 고객 중심 태도
2. 사업 성공 노하우	고객 리뷰와 반응에서 배우며 제품 개선 온라인 시장의 흐름을 빠르게 포착하여 실행
3. 원칙과 습관	하루 한 통의 전화, 한 줄의 손편지, 고객과 진심으로 나눔, 성실한 응대와 정확한 배송으로 브랜드 구축
4. 성장 배경	가난한 가정환경 – IMF금융위기를 거치며 다져진 생존력 현장 기술과 도매 경험으로 얻은 사람, 신용 중심의 철학
5. 성공 분야	온라인 유통과 생활잡화 브랜딩, 정직한 진심의 제주형 생활 브랜드
6. Insight	가장 평범한 습관이 가장 단단한 브랜드를 만든다 성공은 단숨에 얻는 결과가 아니라 반복된 실패 속에서 포기하지 않을 때 얻는다
7. 성현/명사	하늘이 장차 큰일을 맡기려는 자에게는 반드시 먼저 그 마음과 뜻을 괴롭힌다 – 맹자 우리의 가장 큰 약점은 포기하는 데 있다. 성공하는 가장 확실한 방법은 언제나 한 번 더 시도하는 것이다 – 토마스 에디슨

신뢰와 약속, 위기를 기회로 만든 사람의 힘

프롤로그

갑작스러운 어머니와의 이별은 한 소년의 삶을 송두리째 바꿔 놓은 비극이었습니다. 가난과 좌절 속에서 길을 잃었던 소년은, 그러나 포기하지 않았습니다. 신뢰를 기반으로 한 관계, 끈기 있는 실천, 그리고 하나님에 대한 깊은 믿음이 꺼져가던 희망의 불씨를 되살렸습니다. 성공 신화의 주인공보다 선한 영향력을 전하는 리더가 되고 싶은 안석문 대표. 절망의 자리에서 스스로 일어선 그의 이야기가, 우리에게 희망의 편지를 띄웁니다.

1장. 어머니를 잃고, 하나님을 만나다

전북 김제, 2남 5녀 중 막내로 태어난 그의 삶은 초등학교 6학년 때 어머니를 여의며 송두리째 흔들렸습니다. 삶의 의욕을 잃고 헤매던 그에게 세상은 원망의 대상일 뿐이었습니다.

"어머니가 돌아가시고 정말 기댈 곳이 없었습니다. 그 슬픔은 어린 저를 무기력과 우울증으로 끌고 갔죠. 그러다 우연히 교회를 찾게 됐고, 그곳에서 하나님을 만났습니다."

그는 교회에서 "수고하고 무거운 짐 진 자들아, 다 내게로 오라. 내가 너희를 쉬게 하리라"는 한 문장을 만납니다. 그 말씀은, 길 잃은 자신에게 하나님께서 직접 건네는 위로처럼 들렸습니다. 그는 그날, 처음으로 설명할 수 없는 평안을 얻었고, 신앙이라는 새로운 삶의 터전을 꾸리기 시작했습니다.

2장. 저축은 빠르게, 지출은 느리게, 자기 절제는 반드시

대학 진학 대신, 그는 20대 초반 숙부가 운영하던 건설사에 입사하며 사회생활을 시작했습니다. 이때부터 그는 '종잣돈'의 중요성을 절감하고, '선저축 후지출, 자기 절제'라는 자신만의 철칙을 세웠습니다.

"스스로 만든 종잣돈으로 시작하지 않으면 진짜 내 것이 될 수 없습니다. 종잣돈을 만들겠다는 결심이야말로 진정한 도전의 시작인 셈이죠. 당장 돈 쓰는 재미에 취할 것이 아니라, 미래를 살리는 돈이 먼저라는 마음으로 자기 절제를 해야 합니다. 돈을 벌면, 모을 돈부터 뚝 떼어놓고 남은 돈으로 사는 훈련을 해야 합니다.”

젊은 날의 무서운 자기 절제는, 훗날 그가 자신의 사업을 시작하는 가장 단단한 기반이 되어주었습니다.

3장. 새벽의 기도, 절제의 미덕

그의 자기 절제는 돈 관리에만 국한되지 않았습니다. 수십 년이 지난 지금도 그는 매일 새벽 5시면 일어나 30분간 조용히 성경을 읽고 기도하는 것으로 하루를 시작합니다. 이러한 내면의 루틴은, 성공에 교만하지 않고 실패에 좌절하지 않으며, 억울한 상황에서도 한 번 더 기다리는 ‘감정의 절제’로 이어졌습니다.

“세상은 항상 우리를 자극합니다. 그 자극에 일희일비하면 잘 될 일도 그르치기 쉽죠. 저는 스스로를 다스릴 줄 아는 사람만이 끝까지 갈 수 있다고 믿었고, 제가 그런 사람이 되고 싶었습니다.”

4장. 공수래공수거(空手來空手去), 가진 것은 나누면 그만

안석문 대표는 어머니를 잃고 방황하던 시절에 만난 하나님과 자신을 보듬어준 사회에 빚진 것이 많다고 합니다. 받은 것 이상으로 돌려주고자, 그는 선교재단 설립을 준비하고 있습니다. 재단을 통해 농어촌 주민과 독거노인, 소년소녀 가장 등 사회적 약자로 분류되는 이들을 섬기고, 보이지 않는 곳에 기부하며 조용히 실천하는 삶을 살고자 합니다.

"인생은 공수래공수거입니다. 대중가요 가사처럼 알몸으로 태어나 옷 한 벌 건졌으면 된 거죠. 제 손에 남는 것이 있다면 모두 나누고 싶습니다. 그러면 저에게는 감사하는 마음과 따뜻한 인연이 남을 테니, 그것만으로도 충분합니다."

나눔에 대한 그의 한마디로 윈스턴 처칠의 명언을 떠올립니다. "사람은 받은 것으로 생계를 꾸리고, 주는 것으로 인생을 꾸린다"라는 처칠의 말처럼, 욕심보다 진심으로 사람을 생각하는 나눔 철학이 그의 인생을 지탱하는 가장 큰 힘입니다.

5장. 가족에게 전하는 말

그의 이런 생각이 가족에겐 자칫 무거운 주문이 되진 않을까, 걱정 어린 시선이 무색하도록 그는 자녀들에게 삶의 지혜를 이렇게 전합니다.

"아이들에게 수시로 하는 말이 있습니다. 하나님께는 전적으로 의지하되, 사람에게는 그러지 말라고요. 사람은 신뢰의 대상일 뿐, 결코 의존의 대상이 아닙니다. 아이들은 그저 모든 과정에 최선을 다하고 결과는 하나님께 맡기는 삶을 살아가면 좋겠습니다."

가장 사랑하기에, 오히려 더 냉철한 눈으로 현실을 바라보게 하는 아버지의 깊은 마음이 느껴집니다.

6장. 살아있음이 곧 기적이라는 믿음

열세 살 어린 나이에 가장 아픈 이별을 경험한 그는 과거의 자신과 마주하고 싶진 않습니다. 하지만 지금까지의 삶 자체가 기적이라는 믿음도 갖고 있습니다. 전라북도를 대표하는 건설사로 성장했고, 좋은 인연들 속에서 감사가 몸에 밴 것 또한 하나님의 은혜라고 생각합니다.

"저에게 신앙은 현실을 도피하는 것이 아니라, 오히려 현실을 직시하게 만든 힘이었습니다. 도전 앞에 무릎 꿇지 않게 하는 내면의 지지대였죠. 저는 저를 통해 더 많은 사람들이, 사람에게는 한계가 있지만 하나님은 실패가 없는 분임을 알게 된다면 더 바랄 게 없습니다."

7장. 천천히, 멋지게 착륙하는 새처럼

돌아가고 싶은 한때가 없다는 그를 미래로 데려가 보고 싶었습니다. 그는 향후 5~10년 안에는 머문 자리에서 내려오고 싶다며, 자신의 미래를 '멋진 착륙'으로 그리고 있습니다.

"회사는 엄연한 공동체입니다. 언젠가는 전문 경영인에게 운영을 맡기고, 저는 주주의 위치에서 사회 환원과 나눔에 집중해야죠. 제아무리 높이 날아오른 새도 언젠가 내려와야 하는 것처럼, 사업을 잘 마무리함으로써 천천히, 그리고 멋지게 착륙하고 싶습니다."

8장. 절망의 터널에 갇혀 있다면

삶의 끝자락에 선 이들에게, 그는 자신의 경험을 바탕으로 응원을 보냅니다.

"죽을 결심 대신, 살아볼 결심을 하십시오. 아무리 어둡고 긴 터널이라도 반드시 끝은 있습니다. 하나님을 믿고 그분의 말씀을 붙잡으면, 길은 열립니다. 신앙은 절망 속에서 희망을 품게 하는 능력입니다. 이 능력은 누구에게나 주어져 있다는 것을 기억하십시오."

세상을 긍정하고 희망을 품는 것이 능력이라고 말하는 그의

목소리에 확신이 가득합니다. 절망을 희석시키는 그의 말이 든
든합니다.

9장. 인생의 기둥이 되어준 세 가지

그의 인생을 기둥처럼 받쳐준 삶의 가치는 무엇일까요? 그는
세 가지를 꼽았습니다.

"첫째는 '감사'입니다. 내가 준 것은 잊고, 받은 아주 작은 것
이라도 귀하게 여기는 마음이 모든 것의 시작이었습니다. 둘째
는 '관계'입니다. 신용은 하루아침에 쌓이는 것이 아니라, 수많
은 약속이 모여 만들어지는 가장 소중한 자산입니다. 그리고 마
지막은 '자기 존중'입니다. 세상이 나를 알아주기 전에, 내가 먼
저 나 자신을 귀하게 여기고 포기하지 않아야만 어떤 시련도 버
텨낼 수 있습니다."

받은 것은 잊고 작은 것에도 감사하며, 신뢰를 바탕으로 관계
를 맺고, 어떤 상황에서도 스스로를 포기하지 않는 것. 이 세 가
지가 지금의 그를 만들었습니다.

10장. 마지막 6개월, 참된 평안의 시간

삶이 6개월 남는다면 무엇을 하겠냐는 질문에, 그는 담담하게 미소 지었습니다.

"모든 사업과 인간관계를 잘 정리하고, 제 인생을 돌아보며 감사의 시간을 보내고 싶습니다. 삶의 마지막 순간조차도 하나님의 뜻에 순응하며 가는 것이 가장 평안한 마무리라고 생각합니다."

에필로그

안석문 대표의 삶은 고난을 믿음으로 이겨낸 소년의 여정에서, 신뢰를 바탕으로 기업을 일군 기업인의 역사로 이어졌습니다.

그는 말합니다. "사업은 자금이 아니라 사람이다." 그리고 덧붙입니다. "감사는 몸에 배어야 한다."

세상의 기준으로 보면 평범하지만은 않았던 길. 하지만 하나님 앞에서 진실하고 사람 앞에서 겸손했던 그 삶은 성공을 정의하게 합니다. 성공이란 위에서 툭 떨어지는 열매가 아니라, 신용과 절제, 믿음으로 한 땀 한 땀 지어 올리는 집과 같다는 것을 그의 삶이 보여줍니다.

안석문 대표의 성공 철학

항목	내용
1. 성공 요인	신뢰 기반의 인간관계
2. 핵심 노하우	자금운영 능력, 철저한 약속 이행
3. 원칙과 습관	규칙적인 자기 생활, 자기 절제
4. 성장 배경	어려운 가정환경, 일찍 사회 진출
5. 성공 분야	지역 건설업, 자산 경영
6. Insight	사업은 사람의 예술이다
7. 성현/명사	사람과의 관계는 믿음이 근본이다 – 공자 신뢰는 삶을 붙잡는 접착제이며, 효과적 소통의 핵심 요소이다 – 스티븐 코비

프롤로그

"이때껏 밥 지어 파느라 다 늙은 할매 얘기가 무슨 재미가 있겠어요."

사람 좋은 웃음과 함께, 낯선 이를 어린아이처럼 반겨주는 그에게서 갓 지은 쌀밥의 구수한 향이 납니다. 정갈한 앞치마가 더없이 잘 어울리는 양미숙 대표. 그는 실패와 절망 속에서도 '손맛 담긴 음식' 하나를 붙잡고 끝까지 전진했습니다. 땀과 사람이 뒤섞인 시장통에서 묵묵히 버티고 부지런히 손맛을 낸 끝에, 마침내 가장 정직한 밥상으로 우뚝 선 그의 돌솥처럼 뜨거운 이야기가 시작됩니다.

1장. 무안 들판에서 피어난 독립심

1961년 전남 무안, 2남 2녀 중 셋째로 태어난 그는 어머니의 차별 속에서 설움을 삼키며 자랐습니다. 하지만 그 설움은 그를 주저앉히는 대신, 누구에게도 의지하지 않겠다는 강한 독립심과 자립심을 키워주는 자양분이 되었습니다.

"형제 많은 집에서 중간에 끼면 특유의 설움이 있죠. 셋째니까 언니, 오빠, 막냇동생에게 항상 양보만 해야 했고 옷이든 반찬이든 무엇 하나 '제 몫'이랄 게 없었습니다. 어머니와 달리 그래도 공평히 대해 주셨던 아버지께는 감사함과 애틋함이 있어요."

사업은 실패했지만 자식 교육만큼은 철저했던 아버지 덕분에 광주에서 학업을 마친 그는, 자신의 삶은 오직 스스로의 힘으로만 개척해야 한다는 것을 일찌감치 깨달았습니다.

2장. 백반 도시락, 장사에 눈을 뜨다

고등학교를 졸업하고 곧바로 생활 전선에 뛰어들었던 그는 서른을 앞둔 1989년, 처음으로 장사의 세계에 발을 들였습니다. 긍정적이고 붙임성 좋은 그는 가만히 앉아서 손님을 기다리는 법이 없었습니다.

"일만 할 수 있다면 안 가본 데가 없을 정도로 여기저기 다녔습니다. 그러다 전주역 앞에서 밥장사를 시작했는데, 유독 여관을 드나드는 사람들이 많더군요. '저거다!' 싶었죠. 전주역의 모든 여관을 돌아다니며 전화번호 스티커를 붙이고, 방마다 메뉴판을 넣어달라고 사정했습니다. 치우라며 쫓아낸 분도 있었지만, 젊은 여자가 허리 숙이고 사정하는 게 안쓰러웠는지 대부분 도와주셨어요. 지금 생각해도 참 고마운 분들이에요."

전주역 앞 여관을 중심으로 '양미숙 표 백반' 주문이 늘기 시작했습니다. 그는 손님을 연결해 주는 여관 주인에게 수수료까지 지급하는 파격적인 마케팅을 펼쳤습니다. 사람과 필요를 연결하는, 보이지 않는 길을 꿰뚫어 보는 타고난 장사 감각이 처음으로 빛을 발하는 순간이었습니다.

백반 배달로 자신감을 얻은 그는 더 큰 무대를 꿈꿨습니다. 우연히 들어간 충남 서천의 한 칼국숫집에서 그는 도약의 기회를 마주합니다.

"손님이 꽤 많은 식당이 보이길래 들어갔더니 메뉴라고는 칼국수뿐인 가게였어요. 면발이 쫄깃하고 국물이 시원해서 한 그릇을 금방 해치웠죠. 배가 부르고 나니까 손님들 표정이 눈에 들어왔습니다. 국수 하나로 행복해진 사람들을 보면서 이 가게를 내가 해야겠다고 결심했습니다."

모아둔 목돈 하나 없었지만, 백반 장사로 쌓은 '신용'을 담보로 과감히 가게를 인수했습니다. 새로운 자리를 물색하고 음식점을 시작하는 것이 아니라, 이미 검증된 맛집을 자신의 것으로 만드는 대담한 승부수를 던진 것입니다.

"그때는 정말 음식에 미쳤던 것 같아요. 새벽부터 일어나 당일 구할 수 있는 가장 좋은 재료로 종일 육수를 끓이고 국수를 만들었어요. 손님들의 '맛있게 잘 먹었다'라는 한마디면 모든 피로가 사라졌습니다."

그의 열정은 하루 평균 400그릇의 판매고로 이어졌고, '서천의 칼국수 여왕'이라는 별명을 낳으며 전국적인 맛집에 이름을 올렸습니다. 이로써 그는 수십억 자산가로 성장하는 발판을 마련했습니다.

4장. 친구의 배신, 벼랑 끝에 서다

칼국숫집을 운영한 지도 어느새 7년 차. 성공의 정점에 오른 이때, 가장 친한 친구의 보증 부탁이 그의 인생을 송두리째 흔들었습니다. 무심코 찍어준 도장의 대가로 7년간 쌓아 올린 모든 것이 한순간에 무너져 내렸습니다. 하지만 그는 이번에도 주저앉지 않았습니다. 길거리 포장마차를 열고, 한겨울 추위에 손이 꽁꽁 얼어붙는 것도 잊은 채 떡볶이와 국수를 끓였습니다. 새벽부터 한밤중까지 일하기를 꼬박 2년. 다시 일어설 발판을 마련한 그는 이 시기를 결코 잊을 수 없습니다.

"누군가에겐 초라해 보였을지 모릅니다. 하지만 저는 그 포장마차에서 장사의 가장 중요한 기본을 다시 배웠습니다. 손님을 대하는 법, 재료를 아끼는 법, 그리고 '돈은 고생한 만큼 정직하게 따라온다'라는 뼈아픈 교훈을요."

포장마차에서의 2년은 실패의 시간이 아니라, 그의 장사 인생을 더욱 단단하게 만든 '진짜 시작'이었습니다.

5장. 예리한 촉, 기회를 보는 눈 "내가 하면 된다"

포장마차에서의 경험은 그에게 남들이 보지 못하는 것을 보는 '촉'을 선물했습니다. 그는 숫자나 홍보물에 의존하지 않고,

‘사람 냄새 나는 현장’에서 몸으로 직접 부딪쳐 가며 기회를 포착했습니다. 그리고 나이 50을 앞둔 2009년, 그에게 또 한 번의 기회가 찾아옵니다.

“갈대밭이 시원하게 펼쳐진 순천만습지에 머리를 식히러 종종 가곤 했어요. 그러다 한두 번 들른 식당이 있었는데 희한하게 장사가 잘 안됐어요. 위치 좋고 맛도 괜찮은데 왜 이럴까 하고 보니, 운영에 문제가 있었습니다. 메뉴가 너무 많고 시스템이 엉망인 게 보였어요. 저는 감각적으로 느낍니다. ‘내가 하면 된다’라는 촉이 올 때가 있어요. 남보다 먼저 잘될 자리를 알아보고, 남들이 망설일 때 선점하는 결단력이 저의 무기였습니다.”

그는 수십 가지 음식을 앞세운 메뉴를 단 두 가지, ‘꼬막정식’과 ‘짱뚱어탕’으로 줄였습니다. 예리한 진단과 과감한 선택은 대성공을 거두었고, 그의 식당은 순식간에 ‘전국구 맛집’으로 발돋움했습니다.

6장. 일 매출 5천만 원, 부의 정점에 서다

‘순천만 꼬막 맛집’으로 성공 가도를 달리게 된 그는 식당 세 곳과 편의점까지 운영하며 현금 일 매출 5천만 원이라는 신화를 썼습니다. 하지만 그의 관심은 돈이 아닌, 여전히 ‘음식’에 있었고, 잠재력 있는 식당을 향한 그의 레이더는 끊임없이 가동되었습니다.

"운영 중인 식당의 주변 가게들을 계속 살펴보고 제 나름의 분석을 더했어요. 내가 맡으면 더 잘 될 가게들이 보인다 싶을 때 빠르게 인수해서 사업을 확장했습니다."

음식과 장사에 대한 그의 열정은 단 한 순간도 식을 줄 몰랐습니다. 오히려 더 좋은 식자재를 구하고 새로운 레시피를 개발하기 위해, 그는 사장실이 아닌 주방을 지키는 점주로 남았습니다.

7장. 돈보다 소중한 나의 일, 내가 서 있는 주방

"벌 만큼 벌었으니 이제 쉬라는 말을 종종 듣습니다. 그런데 저는 아직 식당 일만큼 재미있는 걸 찾지 못했습니다."

스티브 잡스는 '위대한 일을 하는 유일한 방법은 당신이 하는 일을 사랑하는 것'이라고 말했습니다. 양미숙 대표에게는 가장 좋은 재료로 음식을 만들고, 손님들과 정을 나누는 것보다 더 즐거운 일이 없습니다. 그에게 '일'은 고된 노동이 아닌, 삶의 가장 큰 즐거움이자 존재의 이유입니다.

8장. "요행을 바라는 마음에 노력을 채워라"

수많은 실패와 재기를 반복하며 자수성가한 양미숙 대표. 평생을 일하는 엄마로 살며 아이들과 함께한 시간이 적었던 것이 늘 미안하고 고마웠습니다. 그가 수십 년의 삶을 통해 자녀들에게 보여주고 싶었던 단 하나의 가치는 바로, '노력'이었습니다.

"아이들은 간혹 요행을 바라지요. '공부를 덜 했지만 시험은 잘 보고 싶다'거나 '용돈을 다 썼지만 갖고 싶은 걸 빨리 얻고 싶다'라는 이야기를 할 때가 있어요. 그럴 때마다 요행을 바라는 그 빈 마음에 노력을 채우라고 말해줍니다. 너희들의 정직한 노력으로 너희만의 삶을 단단하게 만들어 가라고요."

포장마차에서 땀으로 빚을 갚고, 칼국수 400그릇을 팔기 위해 밤낮없이 일했던 그의 삶 자체가 가장 위대한 가르침이었습니다. 그리고 이 모든 시간을 버텨온 것 또한 가족들 덕분임을 그는 잘 알고 있습니다.

9장. 돌아간대도 결국 똑같이, '음식'이라는 외길

만약 30년 전으로 돌아갈 수 있다면, 그는 어디로 향할까요? 질문에 담긴 호기심이 무색하게 조금도 망설임 없이 그가 이끄는 곳은 식당입니다.

"앞치마 두르고 식당 지켜야지 내가 어딜 가겠습니까? 30년 전이면 한창때니까 일하는 게 얼마나 더 재밌을지 상상만 해도 좋네요. 나한테는 음식 맛있게 만들어 손님한테 내드리는 게 인생의 전부입니다. 그게 바로 내 이름 석 자, 양미숙의 모든 것이지요."

요식업을 삶의 철학이자 에너지라고 자신 있게 말하는 그에게서, 한 우물만을 깊게 파온 장인의 꺾이지 않는 자부심이 느껴집니다.

10장. 새만금에서 꿈꾸는 새로운 나눔

이제 그는 새만금 수변도시에 새로운 식당을 열며, 인생 후반전의 막을 올렸습니다. 그리고 이번 성공의 결실은 온전히 자신만을 위한 것이 아닙니다.

"언제 이렇게 나이를 먹었나, 주름은 깊어지고 체력도 예전만 못하다는 걸 매 순간 깨닫습니다. 그러면서 주변 어르신들이 눈에 들어왔어요. 앞으로 제가 거두는 결실들을 이제 제 주변 이웃들과 함께 나누고 싶습니다. 사실 그분들이 없었다면 지금의 저도 없었을 테니까요."

자신이 받은 사랑을 더 큰 나눔으로 되돌려주려는 그의 새로운 도전에, 세상이 다시 한번 따뜻한 응원의 박수를 보낼 것입니다.

　양미숙 대표는 '내가 하면 된다'라는 자신감 하나로 불가능의 경계를 스스로 허물어 온 사람입니다. 그의 삶은 단순히 자수성가한 부자의 성공담이 아니라, '음식을 사랑한 한 사람'이 절망의 자리에서 어떻게 다시 일어서는지를 보여주는 위대한 증거입니다. 그는 오늘도 우리에게 힘주어 말합니다.

　"당신도 해낼 수 있습니다. 나도 그랬으니까요."

★★★★★
양미숙 대표의 성공 철학

항목	내용
1. 근본	어머니의 차별 속 독립심과 자립성을 키운 자양분
2. 핵심 철학	기회는 우연처럼 오지만 준비된 자만이 잡을 수 있다
3. 성공 요인	음식에 미친 사람만이 진짜 장사를 할 수 있다
4. 희망 메시지	성공은 남들이 안 하려는 일을 기꺼이 할 때 온다
5. 미래 목표	일은 인생이고, 내가 사랑하는 일은 나의 정체성이다
6. Insight	차별과 어려움 속에서 독립심과 자립성은 삶의 새로운 기회다 자신이 사랑하고 몰입하는 일에 정성을 다할 때 성공과 정체성이 된다
7. 성현/명사	기회는 준비된 자에게만 온다 – 세네카 위대한 일을 이루는 유일한 방법은 자신이 하는 일을 사랑하는 것이다 – 스티브 잡스

프롤로그

세상은 종종 성공을 '금수저'들의 전유물이라 말합니다. 남보다 앞선 곳에서 시작하거나 화려한 응원을 받는 이들은 출발부터 다르다는 것입니다. 하지만 최경희 대표의 삶은 그 출발선이 얼마나 정직했는지를 보여줍니다. 평범한 환경에서 태어나 지치지 않는 성실함과 따뜻한 손맛을 무기로, 그는 마침내 '춘천 명동의 명물'이 되었습니다. 수저의 색깔을 논하는 시대에, 그

의 이야기는 우리에게 '땀의 온도'야말로 인생의 진짜 가치를 결
정하는 것임을 알려줍니다.

1장. 춘천으로 향한 삶의 이정표

1972년 대구, 자영업을 하시던 부모님 밑에서 평범하고 소박
하게 자란 그는, 5살 무렵 아버지의 고향인 춘천으로 이사하며
'호반의 도시'와 인연을 맺었습니다.

"당시만 해도 줄줄이 동생들이 있으면 첫째는 일찌감치 사회
로 내보내는 경우가 있었어요. 저희 집은 부모님 두 분 모두 자
영업을 하셨는데 크게 여유롭진 않더라도 소박하게 지낼 수 있
었죠. 5살 무렵 아버지의 고향인 강원도 춘천으로 이사하면서
이곳에서 쭉 살았습니다."

춘천에서 청소년기를 보내고, 결혼 후 남편의 직장을 따라 다
시 춘천에 정착하면서, 이곳은 그의 삶의 터전이자 제2의 고향
이 되었습니다.

2장. 주부에서 사업가로, 인생의 전환점

평범한 주부의 삶을 살던 그에게, 어느 날 남편이 조심스럽게

말을 건넸습니다. "이제 아이들도 웬만큼 컸으니, 당신만의 일을 시작해 보는 것이 어때"라는 권유였습니다.

"솔직히 처음엔 망설였습니다. 제가 장사를 해본 사람도 아니고, 아이들 챙기는 것만으로도 하루가 벅찼으니까요. 그런데 남편의 응원이 큰 힘이 됐습니다. '당신이라면 잘할 수 있다'라는 믿음이 담긴 그 한마디가, 제 안에 숨어 있던 용기를 깨운 셈이죠."

그 무렵, 운명처럼 춘천 명동의 한 닭갈비 식당이 매물로 나왔고, 그는 더 이상 망설이지 않았습니다. 앞치마를 두르고 주방에 들어가 닭갈비 양념을 연구하기 시작했습니다. 전업주부 최경희에서 사업가 최경희로, 그의 인생 2막이 그렇게 시작되었습니다.

3장. 제일 좋은 것을 내놓는 진심, 입소문의 시작

그에게는 특별한 마케팅 전략이 없었습니다. 오직 '우리 가족이 먹는 음식처럼 만들자'라는 단 하나의 진심뿐이었습니다.

"닭갈비를 팔기 위해 장사를 한 것이 아니라, '우리 가족이 먹는 음식처럼 정성껏 만들자'라는 마음으로 음식을 준비했습니다. 맛은 결국 좋은 재료에서 판가름 난다는 것을 깨닫고 식재료는 항상 제일 좋은 걸로 썼어요. 손님 한 분 한 분을 내 가족처럼 여기며 정직하게, 깨끗하게, 친절하게 대했더니 자연스럽게 입소문이 나더군요.”

그의 진심은 손님들의 마음에 가닿았습니다. SNS에 “이 집은 진짜다”라는 후기가 퍼지고, ‘춘천 명동 맛집’으로 자리매김하며, 테이블이 하루에 50번 이상 채워지는 기염을 토했습니다.

4장. 방송을 통한 시선집중, 전국구 맛집이 되다

진심이 쌓여 만들어진 입소문은, 마침내 방송국의 문을 두드렸습니다. 각종 요리 방송과 언론의 주목을 받으면서, 그의 가게는 춘천을 넘어 ‘전국구 맛집’으로 입지를 굳혔습니다.

“요즘은 마케팅 기법이나 비주얼도 중요하지만, 결국 손님들은 ‘진짜 정성’을 알아봅니다. 저희 가게가 전국적인 맛집이 되고 방송에 출연한 것도, 다 그런 진심이 쌓였기 때문이라고 생각해요. 강원도에 올 때마다 들르셨던 단골이 계셨어요. 자연스레 인사를 나누고 반갑게 안부도 묻는 사이가 됐죠. 어느 날 또 혼자 오셔서 2인분을 드시곤 ‘국산 냉장 닭’만 쓰니까 너무 맛있다며 칭찬하셨습니다. 알고 보니 그분은 ‘양계장집 딸내미’라 닭갈비에 쓰이는 생닭에도 관심이 많으셨어요. 좋은 재료 쓰는 걸 알아봐 주시니 감사하고 뿌듯했습니다.”

전국에서 고객이 몰려들었고, 택배 주문이 쇄도하면서 사업은 더욱 안정적인 기반을 갖추게 되었습니다. 그리고 마침내,

월세를 내던 가게 건물을 직접 인수하며 그는 어엿한 자산가의 반열에 올랐습니다.

5장. '그냥 하는 것'의 힘, '끝까지 해내는 것'의 감동

'한번 시작한 일은 끝까지 해낸다.'

그의 단순하고 명쾌한 철학은, 40명의 단체 손님이 예고 없이 찾아왔을 때도 빛을 발했습니다.

"스무 명 단체 손님 예약이 들어와 음식을 준비해 놓고 기다렸어요. 막상 오신 인원은 정확히 두 배, 40명이었습니다. 각자 한두 명씩 아이들을 데리고 오는 건데 예약자가 미처 생각을 못 하셨나 봅니다. 잠시 고민하다가 얼른 테이블 세팅부터 추가하고 아이들과 남편의 도움을 받아 모든 주문을 처리했습니다. 포기하지 않고 끝까지 손님을 맞이하는 엄마의 모습에서 아이들이 감동했다더군요. 그래서인지 저희 애들도 포기를 모르는 녀석들입니다. 한번 시작한 일은 그냥 하는 아이들한테 저도 고맙죠."

어떤 상황에서도 책임을 다하는 그의 모습은, 자녀들에게 가장 위대한 교육이 되었습니다.

이처럼 포기하지 않는 삶의 중요성을 강조하는 최경희 대표는 누구에게나 인생의 기회가 세 번은 찾아온다고 믿습니다. 그에게 첫 번째 기회는, 의류업을 하던 어머니의 "가업을 이으라"라는 제안을 거절한 것이고, 두 번째 기회는 2001년, 전자상거래를 하다 자녀 양육에 집중하기 위해 중단한 것입니다. 세 번째 기회는, 남편의 권유로 시작한 '춘천 닭갈비' 사업입니다. 그는 이를 자신의 세 번째 기회이자 마지막 승부처로 여기고 전력투구한 것이 앞선 두 번의 기회와 다른 성과를 낼 수 있었던 결정적 비결이라고 말합니다.

"간혹 이 말이 틀렸다고 주장하는 사람도 있지만 저는 믿어요. 인생을 바꿔 놓을 만한 큰 기회를 누구나 세 번은 만날 것이라고요. 다만, 준비된 사람이 기회를 직접 만들어가는 노력까지 겸비할 때 기회가 더 빨리 찾아온다고 생각합니다. 그리고 성실함과 진심을 가진 사람만이 그 기회를 알아보고 잡을 수 있는 거죠."

그의 이런 믿음은 고대 로마 철학자 세네카의 "행운은 준비가 기회를 만났을 때 생긴다"라는 말과도 일맥상통합니다. 그는 믿는 것에 그치지 않고, 성실함으로 스스로를 준비시켜 행운을 붙잡아낸 삶의 주인공입니다.

7장. 건강과 공동체, 내 삶의 중심 가치

수십 년간 뜨거운 불 앞에서 일해온 그에게, '건강'은 관념이 아닌 생존의 문제입니다. 그는 스스로의 건강을 가장 중요한 삶의 자산으로 여기며, 지금도 꾸준한 자기 관리를 통해 현장을 지키고 있습니다.

"몸이 아프면 나만 고생하는 게 아닙니다. 가족들을 힘들게 하고, 가게 일도 제대로 못 챙기니 결국 남에게 피해를 주는 것이지요. 내 몸 하나 건강하게 지키는 것이, 나를 위해서도 또 우리 공동체를 위해서도 가장 기본이 되는 책임이라고 생각합니다."

아프지 않고 남에게 피해 주지 않는 삶, 그리고 내가 속한 공동체와 조화를 이루며 살아가는 삶. 이것이 그가 생각하는 가장 아름답고 단단한 미래입니다.

8장. "네가 원하는 삶이 내가 바라는 것"

그는 자녀들에게 자신의 길을 강요하지 않습니다. 그저 아이들이 정말 하고 싶은 일을 하며 스스로의 인생을 멋지게 설계해 나가길 응원할 뿐입니다.

"제가 장사하는 게 행복하다고 해서, 우리 아이들도 그래야 하는 건 아니잖아요. 아이들에게는 그들만의 인생과 길이 있는 것이지요. 저는 그저 엄마로서, 아이들이 정말 하고 싶은 일을 하면서 존재감과 성취감을 느끼고, 스스로의 인생을 멋지게 설계해 나가길 응원할 뿐입니다. 부모가 할 일은, 그저 믿고 지켜봐 주는 것이라 생각해요.”

9장. 지금이 더 감사한 인생

과거로 돌아갈 수 있다면, 스물넷 청춘이 좋겠다면서도 “굳이 그러고 싶지는 않다”라고 말하는 그의 목소리에는 확신이 배어 있습니다. 치열하게 살아왔기에 후회가 없고, 그 모든 과정을 다시 겪고 싶을 만큼의 미련이 없기 때문입니다.

“물론 젊음이 좋지요. 하지만 저는 수많은 시행착오와 어려움을 겪으며 지금의 평온함을 얻었습니다. 지금 제 곁에 있는 사람들, 제가 이룬 것들, 이 모든 것을 누릴 수 있는 지금 하루하루가 저에게는 가장 소중하고 감사합니다. 과거로 돌아가 그 모든 것을 다시 시작할 자신은 없네요.”

그의 고백에서 현재의 삶을 온전히 긍정하는 사람만이 가질 수 있는 깊은 평온함이 느껴집니다.

10장. "흙에서 왔으니, 흙으로 돌아갈 뿐"

최경희 대표가 그리는 마지막 모습은 소박하고 자연스럽습니다. 그는 남은 시간을 오롯이 사랑하는 가족들과 함께 여행하며 보내고 싶다고 말합니다. 죽음조차 담담하게 수용하는 그는 삶의 마지막도 자연의 순리처럼 받아들입니다.

"사람이 흙에서 왔으니, 흙으로 돌아가는 건 당연한 이치 아니겠습니까. 살아있는 동안 최선을 다해 사랑하고 일했으니, 떠날 때 미련은 없습니다. 그저 마지막 순간까지 사랑하는 사람들 얼굴 보며 웃을 수 있다면, 그것으로 충분합니다."

죽음마저도 삶의 일부로 껴안는 그의 성숙한 태도에서 우리는 삶의 지혜를 배웁니다.

에필로그

최경희 대표는 '성실'이라는 가장 평범한 단어로, 자신의 인생을 가장 비범하게 개척했습니다. 그는 물려받은 '수저'의 색깔을 탓하는 대신, 자신의 두 손으로 직접 밥상을 차려내는 길을 택했습니다. 그의 이야기는 '진심'이라는 가장 정직한 재료가, '꾸준함'이라는 가장 뜨거운 불을 만났을 때 얼마나 위대한 요리로 탄생하는지를 보여줍니다.

처음 품었던 질문을 다시 떠올려 봅니다. 과연 성공은 정해진 출발선에서 시작되는 것일까요? 최경희 대표의 삶은 우리에게 강력하고도 따뜻한 목소리로 대답합니다. "수저의 색이 아니라, 땀의 온도가 인생의 가치를 결정한다"라고 말입니다.

★★★★★
최경희 대표의 성공 철학

항목	내용
1. 성공 요인	성실함과 진심을 바탕으로 한 꾸준한 노력 가족 같은 마음으로 손님을 대하는 따뜻한 서비스
2. 사업 성공 노하우	최고의 식재료를 사용하고 정성을 담아 조리 고객의 목소리(리뷰, 피드백)를 경영 개선에 적극 반영
3. 원칙과 습관	"한 번 시작한 일을 끝까지 해낸다"는 실천 철학 작은 일 등 성실히, '그냥 하는 것'의 힘을 믿는 꾸준함
4. 성장 배경	평범한 가정환경과 춘천에서의 삶, 주부로서의 경험 남편의 응원과 가족의 뒷받침을 통해 사업 전환
5. 성공 분야	춘천 닭갈비 식당 운영 → 전국구 맛집 브랜드로 성장 방송, SNS 입소문을 통한 '신뢰 기반 외식업 성공 모델' 구축
6. Insight	수저의 색이 아니라 땀의 온도가 인생의 가치를 결정한다 진심과 꾸준함이 결국 사람의 마음을 움직여 성공을 이룬다
7. 성현/명사	작은 선이라도 쌓이지 않으면 큰 덕을 이루지 못한다 – 공자 품질이란 아무도 보지 않을 때도 올바르게 하는 것 – 헨리 포드

프롤로그

세상은 종종 공부나 성공을 '천부
적 재능의 결과'라고 말합니다. 지능
을 물려받아 성적으로 증명하는 것이
공부이고, 성공 또한 선천적인 능력과

소질이 유리하게 작용하므로 완전히 틀린 말은 아닐 겁니다. 하지만 그 말에 동의하는 순간, 평범한 우리들의 노력은 설 자리를 잃게 됩니다.

최애자 대표의 삶은, 재능이라는 이름 앞에 주저앉은 이들에게 가장 강력한 희망의 증거가 됩니다. 한 사람의 근면과 성실, 그리고 깊은 신앙이 어떻게 맨땅 위에서 거대한 기업을 일구고, 수많은 사람의 삶에 선한 영향력을 미치는지, 그의 이야기가 우리에게 보여줍니다.

1장. 어릴 때부터 마음에 새긴 노력의 가치

전남 해남의 시골 마을, 4남 1녀 중 고명딸로 태어난 최애자 대표에게 어린 시절의 '개근상'은 그 어떤 우등상보다 자랑스러운 훈장이었습니다.

"마을에 하나뿐인 국민학교에 다녔습니다. 집이 멀어서 5리(약 2km)는 족히 걸어가야 했어요. 눈이 오나 비가 오나 40분씩 걸려 학교에 다녔는데 공부할 수 있다는 것만으로도 행복했습니다. 졸업식 날 받은 개근상장을 품에 안고 집으로 달려가는데 어찌나 가슴이 벅차던지요. 6년을 통틀어 그날 제일 빨랐을 겁니다. 그 상장을 아직도 갖고 있으니, 제가 얼마나 그 상을 아끼고 잊지 못할 기쁨이었는지 짐작되시나요?"

어려운 형편 속에서도 꾸준히 노력하는 것의 가치를 몸으로 익혔던 소녀. 이때부터 몸에 밴 근면과 성실함은, 훗날 아무도 가르쳐주지 않는 사장의 길을 걸어야 했던 그에게 가장 든든한 자산이 되어주었습니다.

2장. 가본 적 없는 사장의 길, 실패를 성공의 재료로 쓰다

결혼 후, 시댁의 작은 사업장을 덜컥 물려받았을 때, 그의 앞에는 어떤 교과서나 스승도 없었습니다. 간혹 "시작할 때부터 사장이었으니 좋았겠다"라는 주변 사람들의 말엔 그저 웃어 보입니다. 그는 마치 망망대해에 홀로 던져진 선장처럼, 매일 현장에서 부딪히고 깨지며 스스로 길을 찾아야만 했으니까요.

"말이 좋아 사장이지, 누구 하나 일을 가르쳐주는 사람이 없었습니다. 매일 현장에서 배운 것을 밤새 복기하고, 다음 날 개선하기를 수없이 반복했죠. 넘어지는 것이 실패가 아니라, 넘어진 자리에 주저앉는 것이 진짜 실패입니다. 그때까지 흘린 땀이 아까워서라도, 저는 실패를 성공의 재료로 바꿔야만 했습니다."

그에게 경쟁력이란 특별한 재능이 아닌, 포기하지 않는 '노력' 그 자체였습니다.

3장. 한 번에 하나씩, 성공의 원칙을 세우다

수산물 판매로 시작한 사업은 청과물, 농산물로 점차 확장되었습니다. 하지만 의욕만 앞서 여러 사업에 동시에 손을 댔다가 큰 어려움을 겪은 후, 그는 자신만의 철칙을 세웁니다.

"의욕만 앞서서 이것저것 일을 벌였다가 크게 고생한 적이 있어요. 그때 뼈저리게 배웠습니다. 내가 완벽하게 통제하고 최고라고 자신할 수 있는 것, 한 번에 하나씩만 제대로 하자는 원칙을요. 제가 한때 이소룡 영화에 푹 빠져서 그 사람 이야기 찾아보는 걸 좋아하는데요. 이소룡이 '나는 만 가지 발차기를 한 번씩 연습한 사람은 두렵지 않다. 하지만 한 가지 발차기를 만 번 연습한 사람은 두렵다'라고 말했던 게 기억나요. 그 말처럼, 하나의 아이템을 완벽하게 마스터한 후에야 다음으로 넘어가는 것이 진짜 남는 장사라 생각하고 사업을 재정비했습니다."

이 원칙은 그의 사업을 단단한 반석 위에 올려놓은 진짜 힘이 되었습니다.

4장. 돈보다 무서운 사람, 그럼에도 '사람 중심 경영'

사업이 안정될 무렵, 그는 인생에서 가장 혹독한 시련을 마주합니다. 믿었던 직원이 10억 원이라는 거액을 횡령한 것입니다. 금전적 손해보다 더 아팠던 것은 사람에게 받은 깊은 상처와 배신감이었습니다. 원망의 화살은 어느덧 스스로를 겨누기 시작해, 감당하기 어려운 자책의 날들로 이어졌습니다.

하지만 그는 그 잿더미 속에서 역설적이게도 '사람이 곧 재산'이라는 진리를 더욱 깊이 깨닫게 됩니다. 아무리 좋은 상품과 입지, 뛰어난 전략이 있어도 결국 이를 실행하고 움직이는 것은 '사람'이라는 결론에 도달했고, 사업과 사람을 보는 그의 눈은 한층 성숙해졌습니다.

"가장 깊은 상처를 사람에게서 받았지만, 그럼에도 불구하고 기업을 움직이는 것은 결국 사람이라는 것을 부정할 수 없었습니다. 그래서 저는 지금도 '사람 중심의 경영'을 고집합니다. 한 사람을 채용할 때도 단순히 이력서의 스펙이 아닌, 그 사람의 태도와 정직함, 인성을 봅니다. 신뢰야말로 모든 관계의 시작이니까요."

실패도 있었지만 결국 사람을 통해 얻은 감동과 성장이 훨씬 더 컸다고 힘주어 말하는 최애자 대표. 그는 오늘도 좋은 사람과 함께라면 어떤 어려움도 이겨낼 수 있다는 확신으로 사람을 맞이할 준비를 합니다.

5장. 끝까지 책임지는 리더, 멘토를 꿈꾸다

한번 시작한 일은 반드시 끝을 보는 책임감. 그는 자신이 현장에서 체득한 노동의 가치와 철학을 자녀들에게도 그대로 가르쳤습니다.

"자식 교육은 하나만 생각했어요. '땀의 가치를 알게 하자'. 어릴 때부터 스스로 할 수 있는 일에 대한 대가를 지불하고 이에 책임을 물으며, 자연스레 성실함과 자기주도성을 길러줬습니다."

그는 '땀의 가치'를 아는 리더이자 멘토가 되고 싶었습니다. 그 마음은 가정과 일터는 물론, 그의 신앙생활에도 깊이 뿌리내렸습니다. 신실한 믿음은 삶의 모든 영역에서 본보기가 되어야 한다는 책임감으로 이어졌고, 이는 어떤 시련에도 흔들리지 않는 굳건한 영적 기둥이 되어주었습니다. 가정과 일, 신앙이 하나의 가치 아래 조화를 이룰 때, 그의 리더십은 더욱 빛을 발했습니다.

6장. 사람을 품는 경영, 신뢰의 재건

상처가 깊을수록 사람을 더 신중히 바라보게 됩니다. 하지만 최애자 대표는 다짐합니다.

"사람으로 무너졌지만, 사람으로 다시 일어섭니다."

그는 채용 기준을 바꾸었습니다. 스펙이 아닌 성실, 태도, 정직.

새롭게 합류한 직원들은 사장보다 먼저 출근하고 정확한 정산으로 '신뢰'라는 기반을 함께 쌓았습니다.

특히 그가 강조한 점은 단 하나, "사람을 믿되, 시스템은 냉정해야 한다."

신뢰를 기반으로 하되 재발 방지를 위한 관리 시스템을 철두철미하게 운용했습니다. 이때부터 그의 조직은 이전과 차원이 다른 탄탄함을 갖추게 됩니다.

7장. 현장에 답이 있다, 몸으로 배우는 경영

종합물류센터를 확장하며 사무실보다 항상 창고에 있는 사장. 직원들은 농담처럼 말했습니다.

"사장님은 책상에 앉아 있는 걸 못 견디세요."

그는 갑자기 현장에 등장해 물을 나르고, 박스를 붙이고, 트럭을 직접 운전하기도 했습니다. 경영의 본질은 현장을 아는 것이라는 일념이었습니다.

시장은 빠르게 변합니다. 유행하는 품목, 시세 변동, 고객 수요, 유통 구조…. 그는 누구보다 빨리 '현장에서 반응을 듣는' 감각을 길렀습니다.

이제 그는 제품을 보자마자 말할 수 있습니다.

"이건 팔립니다. 왜냐하면, 손님 표정이 말해줘요."

그의 감각은 데이터보다 정확했습니다.

8장. 위기 속에서 기회 포착, 견고한 확장

사업이 성장할수록 위기는 함께 찾아옵니다. 물가 상승, 공급 불안정, 경영 리스크…. 그러나 그는 위기를 점프대로 삼았습니다. 대형 유통사들이 손을 떼는 위험 품목도 그는 과감하게 도전했습니다.

"남들이 주저할 때 뛰어드는 사람만이 선점합니다."

안정적 물류망과 빠른 의사 결정, 그리고 누구보다 부지런한 발걸음은 그를 지역을 대표하는 농·수산물 유통 강자로 올려놓았습니다.

자산이 쌓이자, 그는 잠시 멈춰 자문했습니다.

"내가 번 이 돈, 어디에 쓰여야 할까?"

그리고 그 답은 다시 사람에게 있었습니다.

9장. 가정의 리더십, 일의 리더십이 되다

그는 늘 말합니다.

"가장 먼저 지켜야 할 사람은 가족입니다."

경제적으로 풍족하지 않은 시절에도 자녀에게는 스스로 책임지는 품격을 가르쳤습니다.

스스로 발로 벌어본 돈의 무게, 실패를 두려워하지 않는 용기, 잘되면 감사하고 안되면 더 노력하는 삶.

가정에서 길러진 리더십은 자연스레 사업 리더십으로 이어졌습니다.

가족이 그의 등을 밀어준 덕분에 그는 넘어져도 다시 일어설 힘을 유지했습니다.

가정이 그의 뿌리였고, 사업은 그 뿌리 위에서 자라난 열매였습니다.

10장. 믿음의 유통, 선한 영향력의 확장

그의 은퇴 계획에는 은퇴가 없습니다. 대신 그는 이렇게 말합니다.

"이제부터가 진짜 시작입니다."

그의 마지막 목표는 상품이 아닌 희망을 유통하는 것입니다. 교회를 짓고, 선교를 지원하며, 도움이 필요한 이웃에게 기회를 나누는 일.

그가 걸어온 모든 길—흘린 땀, 겪은 실패, 성공의 결실—이 모두 이 순간을 위한 준비였던 듯합니다.

"성공은 돈을 버는 데서 끝나지 않습니다. 그 돈으로 무엇을 하느냐에서 완성됩니다."

이제 그는 더 많은 사람을 살리는 선한 공급망을 구축하고 있습니다.

에필로그

최애자 대표는 때로는 어긋나는 인연에 아파하면서도, 그 안에서 감사를 찾고 사람을 향한 따뜻한 시선을 거두지 않았습니다. 인생이 빠르게 내달리면 끝나는 단거리 경주가 아닌, 멀리 가는 자가 이기는 장거리 경주임을 알았기 때문입니다.

"한 치 앞이 보이지 않아 막막한 분들께 감히 말씀드립니다. 포기만 하지 마십시오. 당신 안에 이미 답이 있고, 살아낼 힘이 있습니다."

아무도 가르쳐주지 않은 길 위에서 수없이 넘어지며 스스로 답을 찾아온 그의 말이기에, 그 어떤 위로보다 묵직하게 우리의 마음에 와닿습니다. 이미 뜨거운 온도로 시작된 그의 인생 후반전이 또 얼마나 많은 사람들을 일으켜 세울지, 기대하는 마음으로 지켜봅니다.

최애자 대표의 성공 철학

항목	내용
1. 성공 요인	근면성과 성실함, 자립적인 성장 의지, 실전에서 배운 실행력
2. 사업 성공 노하우	한 가지 아이템에 집중하는 몰입, 위기 대응력, 사람 중심 경영
3. 원칙과 습관	자기 암시와 긍정 사고, 철저한 책임감, 신속한 실행력
4. 성장 배경	가난하지만 따뜻한 가정, 꾸준함으로 다져진 성격
5. 성공 분야	유통, 농수산물, 청과, 주유소, 장어식당, 횟집, 복음선교 등
6. Insight	집중력과 성실함의 결합이 결국 성과로 이어진다
7. 성현/명사	작은 일에 충실한 자가 큰일도 감당할 수 있다 – 예수 그리스도 성공은 우연이 아니라 끊임없는 집중과 성실의 결실 – 아리스토텔레스

사람을 남기다

결국 모든 성공은 사람으로 통한다

1. 김영익 대표 ｜ 선원의 눈물에 사업의 항로를 바꾼 선장

2. Rian Shim 대표 ｜ 예술 교육, 창작과 나눔으로

3. 안규남 대표 ｜ 제주 흑돼지에 시스템을 입히고 나눔에 앞장서다

4. 안민오 대표 ｜ 사장 같은 직원을 키워내는 '지는 리더십'

5. 예손해 대표 ｜ 죽을 각오로 사니, 안 되는 게 없더라

6. 최상률 대표 ｜ 현장과 사람, 시대의 변화를 읽는 행정가

7. 최희철 대표 ｜ 땅과 사람, 생명을 살리는 기쁨

선원의 눈물에
사업의 항로를 바꾼 선장

프롤로그

거센 파도 위에서 길을 찾는 선장은 언제나 믿을 수 있는 나침반을 품고 있습니다. 김영익 대표의 삶은, 그 나침반이 가리키는 방향이 '돈'이나 '성공'이 아닌, '사람의 마음'이었음을 보여주는 위대한 항해의 기록입니다. 차가운 바다 위에서 한 선원의 눈물을 마주한 후, 비로소 '사람을 남기는 배'를 만들기로 결심한 어느 리더. 배를 책임지고 그 위에 오른 사람들의 인생을 책임진 선장의 진솔한 성찰과 나눔의 여정입니다. 그의 항해는 우리에게 묻습니다. "당신의 나침반은 지금, 어디를 향하고 있습니까?"

1장. 익산의 소년, 바다를 꿈꾸다

1970년 전북 익산, 드넓은 평야에서 태어난 그의 유년 시절은 바다와 거리가 멀었습니다. 가난했지만 정이 넘치는 가정에서 그는 쌀밥보다 더 따뜻한 부모님의 사랑을 먹고 자랐습니다.

"어릴 때부터 돈에 관심이 많았고, 막연히 무언가를 팔아 돈을 벌고 싶다는 생각이 있었습니다. 초등학교 땐 담임 선생님께서 다 읽고 주신 신문을 집에 가져와 읽으며 세상 돌아가는 이야기와 경제에 관심을 키웠어요. 고등학교 때부턴 신문 배달과 시장 아르바이트를 병행하며 스스로 자립심을 키우고 부모님으로부터 독립할 길을 열었습니다."

그는 흙을 밟고 살았지만, 마음속으로는 언제나 망망대해와 같은 무한한 가능성의 세계를 꿈꾸고 있었습니다.

2장. 군산의 파도, 청년의 심장을 뛰게 하다

스무 살, 군산으로 터전을 옮긴 그는 작은 수산회사에 입사하며 운명처럼 바다와 인연을 맺었습니다. 생선을 나르는 고된 일꾼으로 시작했지만, 그의 눈은 언제나 더 먼 바다를 향해 있었습니다.

"처음 맡은 일은 항구에서 생선을 나르는 단순한 작업이었습니다. 하지만 저는 그곳에서 멈추지 않았습니다. 선배들을 따라다니며 어깨너머로 선박 운항 기술을 배웠고, 수산물 유통 과정을 눈여겨보며 사업의 흐름을 익혔습니다." 눈에 띄는 성실함과 배움을 향한 지독한 열정으로, 그는 선박 운항과 유통 지식을 스펀지처럼 흡수하며 빠르게 성장해 나갔습니다.

3장. 첫 출항, 태풍에 부서진 꿈

서른 무렵, 그는 마침내 생애 첫 중고 선박을 구입하며 꿈에 그리던 선주의 삶을 시작합니다.

"신조선(새 배)을 사고 싶었지만 자금이 부족했고, 더 빨리 배를 얻을 수 있다기에 중고 선박을 구입했습니다. 운 좋게도 비교적 연식이 짧은 선박을 저렴하게 구할 수 있었어요. '하늘이 나를 돕는구나' 생각하고 정성껏 뱃고사도 지냈었죠. 하지만 바다는 결코 호락호락하지 않았습니다."

경험 부족과 예기치 못한 태풍으로 배가 크게 파손되면서, 그의 첫 꿈은 수억 원의 빚더미와 함께 산산조각 나고 말았습니다. 이 혹독한 실패는, 그에게 바다의 무서움과 사업의 냉혹함을 뼛속 깊이 가르쳐주었습니다.

4장. 다시, 닻을 올리다

그는 좌절하지 않았습니다. 오히려 실패를 교훈 삼아, 더욱 치밀하게 재기를 준비했습니다. 조업권을 확보하고 유통 경로를 안정시키기 위해 부지런히 움직였습니다.

"빚을 갚기 위해 안 해본 일이 없습니다. 군산과 목포, 제주를 오가며 항구를 제 집처럼 드나들었죠. 사람들을 만나고, 바닷길을 개척하며, 무너졌던 신뢰를 하나씩 다시 쌓아 올렸습니다."

그의 진심과 성실함은 통했습니다. 3년 만에 마침내 두 번째 선박을 마련하며 재기의 닻을 힘차게 올렸습니다. 이후 수산 유통과 선박 임대업으로 사업을 확장하며, 그는 군산 앞바다에서 떠오르는 젊은 사업가로 주목받기 시작했습니다.

5장. 선원의 눈물에 선장은 항로를 바꾸다

사업이 안정궤도에 오르던 2003년 겨울, 그의 인생 항로를 완전히 바꿔 놓은 사건이 발생합니다.

"제 배에 타고 있던 박 선원이라는 분이 있었습니다. 40대 초반의 가장이었는데, 늘 묵묵히 일하면서도 가족 이야기만 나오면 눈빛이 부드러워지던 분이었죠. 어느 날 그가 '다음 달이면 딸아이 초등학교 입학식인데, 못 갈 것 같아 마음이 무겁다'라고 눈물을 글썽이더군요. 저는 '돈 버는 게 낫지 않겠느냐'라며 대수롭지 않게 넘겼습니다."

하지만 입학식 다음 날, 박 선원은 조업 중 갑판 위에서 갑자기 쓰러졌습니다. 수면 부족과 과도한 스트레스, 딸에 대한 미안함이 겹쳐 그의 몸과 마음을 무너뜨린 것이었습니다. 그 일은 김 대표에게 큰 충격으로 다가왔습니다. 선원이란 단순한 '노동력'이 아니라, 한 가족의 전부인 '사람'이라는 사실을 절실히 깨달은 것입니다.

6장. 사람을 남기는 배, 마음을 얻는 항해

그날 이후, 그는 '사람을 남기는 배, 사람이 중심인 배'를 만들기로 결심합니다.

"선원 월급의 30%는 무조건 가족 계좌로 바로 송금하는 시스템을 만들고, 항해 중 기념일이나 가족 행사 같은 중요한 날엔 위성 인터넷으로 영상 편지를 보낼 수 있게 했습니다. 선상에 작은 탁구장과 노래방을 만들어 정서적으로 쉴 수 있는 공간도 마련했죠."

무엇보다 출항 전 '가족 소통의 날'을 만들어 모든 선원이 가족과 충분히 통화하고 마음의 짐을 내려놓은 채 항해에 오르도록 했습니다.

"얼굴 보며 대화하는 것도 아닌데 전화 몇 번 하는 게 무슨 소용인가 생각할 수도 있습니다. 하지만 그렇지 않아요. 뱃사람들에게 가족의 따뜻한 목소리는 진수성찬과도 다름없이 마음을 채워줍니다. 늦게라도 이런 소통의 날을 마련한 게 다행이었어요."

7장. 위기의 파도를 넘는 지혜

2008년 글로벌 금융위기와 2014년 원양어업 규제 강화는, 그의 사업에 또 다른 시련의 파도를 몰고 왔습니다. 하지만 그의 배는 이전처럼 쉽게 흔들리지 않았습니다. 선원을 최우선으로 생각하는 그의 '사람 중심' 경영 철학이 위기 속에서 가장 강력한 힘이 되어주었기 때문입니다.

"출항이 줄어들자 시간이 많아져서 책을 많이 읽을 수 있었습니다. 스티븐 코비의 책 『소중한 것을 먼저 하라』를 보면 '신뢰는 삶의 접착제 역할을 한다. 신뢰는 의사소통의 가장 본질적인 요소이며 모든 관계를 지탱해 주는 기본 원칙이다'라는 말이 나와요. 사장의 눈으로 읽었을 때 참 좋은 말이자 선원들에 대한 믿음이 더욱 깊어지는 명언이었습니다. 제 믿음에 화답이라도 하듯 선원들이 가장 먼저 허리띠를 졸라맸습니다. 자신들의 월급을 동결해서라도 회사를 살리자고 먼저 나서주었죠. 저는 그 마음을 배신할 수 없었습니다."

선원들은 회사를 신뢰했고, 그는 그 신뢰에 보답하기 위해 밤낮없이 위기 극복 전략을 세웠습니다. 일부 선박을 과감히 정박시켜 고정 비용을 줄이고, 변화하는 시장에 맞춰 냉동 수산물 유통에 집중하는 기민한 전략으로, 그는 또 한 번의 거친 파도를 성공적으로 넘어설 수 있었습니다.

8장. 나눔의 항해, 선단을 이끌며 고향의 등대가 되다

그는 더 이상 혼자 항해하지 않았습니다. 2017년부터는 중형 선박과 대형 트롤선을 보유하고 동료 선주들과 함께 연합 그룹을 구성하여, 자신이 겪었던 실패와 위기 극복의 경험을 아낌없이 나누는 리더로 성장했습니다.

"혼자 빨리 가는 것보다, 함께 멀리 가는 바다가 더 넓고 풍요롭다는 것을 이제는 압니다. 제가 체득한 모든 노하우를 나눔으로써 군산시의 모든 선박업체가 상생하는 건강한 생태계를 만드는 데 앞장서고 싶습니다."

이와 더불어 그는 '나눔의 항해'를 시작했습니다. 군산 지역 저소득 가정 자녀들이 돈 걱정 없이 공부할 수 있도록 장학재단을 설립했고, 우리가 삶의 터전으로 삼는 바다를 지키기 위해 어망 회수 캠페인도 주도하고 있습니다.

"제가 가장 보람을 느끼는 순간은, 매년 두 차례 운영하는 무료 의료선을 타고 섬마을 어르신들을 찾아뵐 때입니다. 병원 한 번 가기 힘든 그분들의 아픈 곳을 어루만져 드릴 때, 저는 결코 돈으로도 살 수 없는 가장 큰 행복을 느낍니다."

그는 이제, 한 기업의 성공을 넘어 지역사회 전체를 밝히는 따뜻하고 믿음직한 등대가 되고 있습니다.

9장. 가족, 가장 큰 나의 자산

거친 바다와 싸워온 그에게, 세상에서 가장 아늑하고 안전한 항구는 '가족'이었습니다.

"제가 아이들에게 물려주고 싶은 것은 돈이나 재산이 아닙니다. 어떤 상황에서도 스스로의 길을 개척해 나가는 성실함, 그리고 자기 자신만큼이나 다른 사람을 귀하게 여길 줄 아는 배려심. 이 두 가지만 있다면 세상 어디에 내놓아도 굶어 죽지는 않을 것이라 믿습니다."

그는 젊은 시절 포구에서 만나 평생을 함께해준 아내를 향한 변함없는 사랑과 감사를 표현하는 것도 잊지 않았습니다. 궂은 일도 마다하지 않고 함께 배에 올랐던 아내는 그의 든든한 동료이자 가장 가까운 친구였습니다. 가족과 함께한 모든 순간은 그가 바다에서 얻은 그 어떤 만선보다도 값진, 인생 최고의 자산이었습니다.

그는 늘 말합니다. "선장은 파도를 피하지 않는다. 이겨낼 뿐이다." 그리고 이렇게 덧붙입니다.

"배를 움직이는 건 바람이 아니라 사람입니다. 선원이 행복해야, 배도 안전하게 더 멀리 나아갈 수 있습니다."

한때 딸의 입학식에 가지 못해 쓰러졌던 박 선원은 지금도 그의 배를 탑니다. 박 선원의 딸은 어느덧 해양대학을 졸업하고 박사 과정에 있습니다. 훗날 선박회사를 차리는 것이 꿈이라는 그 딸의 이야기는, 김영익 대표의 '사람 중심' 철학이 얼마나 위대한 결실을 맺었는지 보여줍니다.

에필로그

"항해는 바람이 아니라 방향입니다."

김영익 대표의 삶은, 그 어떤 폭풍우 속에서도 그 나침반이 언제나 '사람'이라는 단 하나의 방향을 가리켰음을 보여줍니다. 한겨울 어느 선원의 뜨거운 눈물은, 한 리더의 인생 항로를 통째로 바꾸어 놓았습니다. 그의 이야기는 증명합니다. 진정한 리더십이란, 가장 낮은 곳의 가장 작은 소리에 귀 기울이는 것에서부터 시작된다는 것을 말입니다. 그의 이야기가, 지금 길을 잃고 흔들리는 누군가의 항해에 따뜻하고 믿음직한 등대가 되기를 바랍니다.

김영익 대표의 성공 철학

항목	내용
1. 성공 요인	가난한 환경 속에서도 포기하지 않은 성실함과 자립심 위기 때마다 다시 일어서는 끈기와 회복력, 사람 중심 철학
2. 사업 성공 노하우	선원 가족 계좌 이체, 가족 소통의 날 등 복지 제도화 선박 운영과 수산 유통을 아우르는 사업 다각화, 기민한 위기관리 능력
3. 원칙과 습관	"선장은 파도를 피하지 않는다. 이겨낼 뿐이다"라는 도전 정신 사람의 마음을 우선시 하는 경청과 공감, 가족 최우선 배려와 책임
4. 성장 배경	전북 익산 농가 출신, 신문배달, 시장 아르바이트 등 자립심 형성 군산 이주 후 수산회사 입사, 항구 노동과 선박 기술 습득
5. 성공 분야	원양 어선 및 트롤선 운영, 해상선박 운항 및 수산유통 사업 선박 운영 그룹 창립, 해상 연합체 리더로 성장, 지역사회 공헌 등
6. Insight	진정한 리더십은 사람의 눈물과 목소리에 귀 기울이는 데서 시작됨 인생의 항해는 바람이 아니라 방향이 정한다
7. 성현/명사	리더는 뒤에서 따라가며 다른 이들이 앞에 서도록 하는 사람 – 넬슨 만델라 사람들은 당신이 얼마나 많이 알았는지보다, 얼마나 많이 배려했는지를 기억한다 – 맥스웰

프롤로그

세상은 우리에게 더 빨리 달리라고, 더 크게 성공하라고 말합니다. 하지만 여기, 속도보다 방향이 중요하다고 말하는 사람이 있습니다. 화려한 스포트라이트 대신, 조용한 작업실에서 캔버스와 마주하는 시간을 가장 소중히 여기는 예술가. 그리고 그 진심으로 아이들을 가르쳐, 어느덧 7개 미술학원을 이끄는 성공한 경영자. 작가이자 교육자인 Rian Shim 대표의 삶은, 성공이란 결국 혼자 달려가 도달하는 목표가 아니라, 누구와 함께 어떤 그림을 그려 나가느냐에 따라 그 의미가 달라지는 긴 여정임을 보여줍니다.

1장. 예술가의 씨앗이 뿌려지던 시절

1982년 전북 전주, 그는 부모님의 사랑 속에 피아노와 미술을 배우며 감성과 창의성을 키웠습니다. 신발 가게를 운영하시던 아버지는 때로는 직원의 횡령으로, 때로는 관대한 성품 탓에 어려움을 겪기도 했습니다.

"신용카드가 없던 시절이라 누군가 돈을 들고 잠적해버리면 찾을 길이 없었습니다. 돈을 잃고도, 사람이 등을 돌려도 웃어넘기는 아버지를 보며, 사업을 접고 차라리 종교인으로 사시는 게 낫겠다는 푸념 섞인 원망도 했었답니다."

그는 이렇게 조금은 혼란스러운 환경 속에서도 미술에 대한 열정을 잃지 않았고, 예술고등학교를 거쳐 한국예술종합학교에 진학하며 자신만의 길을 걷기 시작했습니다.

2장. 작은 교습소, 입소문으로 성장하다

대학 졸업 후, 그는 입시 미술 강사로 일하며 교육 현장의 감각을 익혔습니다. 그리고 32세가 되던 해, 경기도 부천에 자신만의 작은 미술 교습소를 열었습니다. 거창한 꿈보다, 자신이 좋아하는 일을 오래도록 지속하고 싶다는 마음뿐이었습니다.

"단 한 명의 아이를 대할 때도, 제 작품을 대하듯 정성으로 지도했습니다. 그 마음이 부모님들께 전해졌던 것 같아요. 인위적인 광고보다 정직한 결과와 진심 어린 소통이 가장 강력한 마케팅이라는 것을 그때 깨달았습니다."

그의 진심은 입소문이 되어 퍼져 나갔고, 동료 작가들과의 네트워크 및 전시회를 통한 그의 인지도 향상과 맞물려 더욱 번창했습니다. 작은 교습소는 어느새 서울과 경기로 규모를 넓혀 7개 지점을 가진 대형 미술학원으로 성장했습니다.

3장. 속도보다 방향, 성과보다 관계

사업이 성장하는 과정에서도, 그는 서두르지 않고 자신만의 속도를 지켰습니다. 예술이란 기교보다 삶을 바라보는 '결'이 더 중요하다는 것을 일찍부터 느껴왔기 때문입니다. 특히 어려운 상황에서 도움을 주고받는 관계가 가장 중요함을 거듭 강조했습니다.

"학원이라는 조직은 결국 '사람이 곧 브랜드'입니다. 아이를 믿고 맡기는 학부모님, 열정을 나누는 강사 선생님들, 함께하는 동료들, 그 누구 하나 소홀히 하면 시스템 전체가 무너집니다. 그래서 저는 항상 속도보다 방향, 성과보다 관계를 우선으로 생각합니다."

너무 조급하면 본래의 목표를 잃을 수 있기에, 자신만의 페이스를 유지하면서 나아가야 한다는 것이 그의 한결같은 경영 철학입니다.

4장. 작가와 경영자, 두 개의 정체성

그의 목표는 단순히 사업적 성공에만 머무르지 않습니다. 사업이 커질수록 작업 시간은 줄었지만, 그는 작가로서의 본업을 결코 포기하지 않았습니다. 창작을 포기하면, 사업의 방향성마저 흐려진다는 것을 잘 알기 때문입니다.

"창작을 한다는 건 고독한 작업입니다. 근데 예술가의 터치를 마냥 기다리는 작품의 입장에도 고독이 담겨 있습니다. 그런 의미에서 릴케의 〈젊은 시인에게 보내는 편지〉를 좋아합니다. 사랑을 '서로가 서로의 고독을 지켜주는 것'이라고 표현한 부분이 있는데, 마치 저와 작품의 사이를 이해하는 문장 같아서 저에게 위로가 되더라고요."

창작을 통해 얻는 예술적 영감과 교육 현장에서 얻는 현실적 감각의 균형, 미술로 세상을 따뜻하게 채우고 싶은 열망. 이것이 그의 진정한 성공 공식입니다.

"한때 바쁘고 힘들어서 작업을 좀 놓은 적도 있습니다. 여유가 생기니 오히려 목적 없는 공상에 빠지더군요. 그 후론 아무리 바빠도 작업 시간을 꼭 확보하려 노력합니다. 캔버스 앞에 자꾸 앉아봄으로써, 제가 교육자이기 이전에 창작자임을 잊지 않으려는 저만의 의식과도 같습니다."

5장. 가족, 가장 따뜻한 응원

그는 매일 기도를 통해 가족의 행복을 바라고 있습니다.

"제가 흔들리지 않고 두 개의 길을 걸을 수 있는 이유는, 어떤 선택을 하든 저를 믿고 지지해 주는 가족이 있기 때문입니다. 화려한 성공을 재촉하기보다, 그저 제가 행복하게 그림을 그리고 아이들을 가르치는 모습을 지켜봐 주는 것. 그 따뜻한 시선이야말로 제가 가진 가장 큰 재산입니다. 가족 모두가 각자 원하는 일을 하며 건강하고 행복하기를, 매일 기도합니다."

그의 기도 속에서, 치열한 예술가이자 경영자의 삶을 지탱해 주는 가장 근원적인 힘이 가족의 사랑임을 느낄 수 있었습니다.

6장. 후회 없는 지금, 만족스러운 오늘의 나

과거로 돌아가고 싶냐는 질문에, 그는 지금의 자신에게 만족한다고 답합니다.

"물론 아쉬운 순간들이 왜 없겠습니까. 하지만 캔버스 위에 덧칠을 하며 그림을 완성해 가듯, 인생도 마찬가지라고 생각해요. 어설펐던 스케치, 망설였던 붓질 하나하나가 모여 비로소 오늘의 그림을 만들어낸 것이니까요. 얌전했던 중학생 시절의 저도, 치열하게 고민했던 입시생 시절의 저도, 모두 지금의 저를 만든 소중한 과정입니다. 그 모든 과정을 사랑하지 않을 이유가 없습니다."

모든 순간의 자신을 온전히 이해하고 수용하고 있기에 '오늘의 나'를 가장 사랑하는 Rian Shim 대표입니다.

7장. 나를 위한 그림, 스스로를 위한 창작

향후 5년에서 10년, 그는 더욱 완성도 높은 자신만의 예술 세계를 구축하고 싶다며 결의에 찬 얼굴을 보였습니다.

"학원 사업을 통해 수많은 아이의 꿈을 돕고 세상의 인정을 받는 것도 물론 큰 보람입니다. 하지만 이제는 오롯이 제 내면의 목소리에만 귀 기울이는 작업을 하고 싶어요. 누구에게 보여주기 위한 그림이 아닌, 제 영혼의 가장 깊은 곳과 만나는 시간. 그것이 예술가로서 제가 가야 할 마지막 여정이라고 생각합니다.”

남들에게 보여주기 위한 작품이 아닌, 스스로 온전히 만족할 수 있는 창작을 통해 예술가로서 한 단계 더 깊어지는 것. 이것이 그의 다음 목표입니다.

8장. 바닥에서 건져 올린 희망

심 대표는 과거 극심한 우울감과 생존에 대한 갈등으로 삶의 가장 밑바닥까지 내려갔던 경험을 솔직하게 털어놓았습니다. 그 고통의 시간이, 역설적으로 그에게 다시 살아야 할 이유를 가르쳐주었다고 합니다.

“바닥까지 내려가면, 오히려 살아야겠다는 의지가 생깁니다. 더 이상 잃을 것이 없다는 사실이 아이러니하게도 가장 큰 용기를 내게 하더군요. 남과 비교하지 말고, 있는 그대로의 나를 사랑하고 감사하는 마음을 가지세요. 삶은, 다시 한번 도전해 볼 가치가 충분합니다.”

9장. 내 인생의 세 가지 중심

그에게 인생에서 가장 중요한 세 가지는 무엇일까요?

"이 세 가지는 서로를 지탱하는 삼각대와 같아요. 가장 중심에는 흔들리지 않는 '나 자신에 대한 사랑'이 있어야 합니다. 예술가로서의 자존감이죠. 그리고 이 자존감을 따뜻하게 감싸주는 것이 '가족의 행복'이라는 뿌리입니다. 세상의 풍파가 있다고 해도 끄떡없이 품어주는 절대적 존재가 가족이죠. 마지막으로, 이 모든 것을 현실에 발붙이게 하는 것이 바로 '돈과 건강'이라는 단단한 땅입니다. 어느 하나라도 없으면 온전한 그림을 그릴 수 없습니다."

10장. 마지막 순간까지, 나의 캔버스 앞에서

만약 삶이 6개월밖에 남지 않는다면, 그의 대답은 명확했습니다.

"끝까지 창작하고 싶습니다."

바쁘다는 핑계로 미뤄왔던 작품들을 완성하는 데 삶의 마지막 순간까지 불태우고 싶다는 Rian Shim 대표. 이것이 곧 그가 생각하는 가장 가치 있고, 가장 그다운 인생의 마무리입니다.

Rian Shim 대표의 삶은 우리에게 말합니다. 인생이란, 하나의 선을 긋고 색을 채워나가며 나만의 화면을 완성해 가는 과정이라고. 그는 지금 이 순간 망설이는 누군가에게, 자신만의 붓을 들라고 따뜻하게 격려합니다.

"비교하지 말고, 조급해하지 말고, 지금 이 순간, 당신만의 붓으로 당신의 인생을 그려보세요. 그 그림은 반드시 아름답습니다."

성공은 거창한 단어가 아닙니다. 그저 내가 좋아하는 일을, 나만의 방식으로, 흔들리지 않고 계속해 나가는 것. 그 길 위에는 반드시 사람들이 모이고, 의미가 쌓이고, 결국 누군가의 희망이 됩니다.

★ ★ ★ ★ ★

Rian Shim 대표의 성공 철학

항목	내용
1. 성공 요인	좋아하고 잘하는 일에 끊임없이 몰입한 열정과 꾸준함
2. 핵심 노하우	소규모 시작 → 입소문 → 다점포 전략+신뢰할 수 있는 인력 확보
3. 원칙과 습관	남과 비교하지 않고, 방향성을 중심에 둔 느린 꾸준함
4. 성장 배경	부모님의 사랑과 창의적 환경, 예술적 관심이 성장 기반
5. 성공 분야	미술 교육 사업(입시학원 경영), 창작예술(작가 활동)
6. Insight	성장은 일관성과 인간관계의 신뢰 속에서 일어난다. 특히 '내면의 확신'과 '포기하지 않는 태도'가 성공을 이끈다.
7. 성현/명사	영감은 존재한다. 그러나 그것은 항상 일을 하고 있는 사람에게 찾아온다 – 파블로 피카소 위대한 일은 작은 일들이 모여 이루어진다 – 빈센트 반 고흐

프롤로그

'언젠가 반드시, 내 가게를 차릴 거야.'

어린 시절, 제주 바다를 놀이터 삼았던 한 소년은 마음속에 단 하나의 꿈을 품었습니다. 그 꿈은 이제, 제주를 넘어 서울까지 진출하는 거대한 현실이 되었습니다. 제주 흑돼지로 대한민국의 입맛을 사로잡은 안규남 대표. 그의 이야기는 제주 흑돼지라는 향토 자원에 '표준화'라는 시스템을 입히고, 그 성공의 결실을 '나눔'으로 실천해 온 진정한 기업가의 신화입니다.

1장. 제주의 아들로 풍족한 사랑을 누리다

1970년 제주시 애월읍, 그는 바다보다 넓은 어머니의 품과 돌담보다 단단한 아버지의 가르침 속에서 자랐습니다.

"넷이나 되는 자식에게 차별 없이 온전한 사랑을 주셨습니다. 풍족하진 않았어도 행여나 밖에서 위축되거나 무시당하면 안 된다고 생각하셨는지 어머니는 항상 옷을 깔끔하게 입혀 주셨어요. 무슨 일이 있어도 주말 아침 식사는 꼭 여섯 식구가 다 같이 했습니다. 일주일 동안 무슨 일이 있었는지 아버지부터 말씀하시며 저희 4남매의 이야기를 들어주시는 자리였죠. 멋모르는 친구들은 제가 아는 것도 많고 좋은 옷을 입는다며 잘 사는 집 아이로 오해하기도 했습니다."

검소했지만 온기로 가득했던 가족의 사랑은, 훗날 그가 흔들리지 않는 단단한 어른으로 성장하는 가장 큰 자양분이 되었습니다.

2장. 교복을 벗고 뛰어든 세상에서 꿈을 키우다

하지만 평화는 길지 않았습니다. 아버지의 갑작스러운 사고로 가세가 기울면서, 그는 고교 2학년에 교복을 벗고 냉정한 세상으로 뛰어들어야 했습니다. 식당 일과 택배 배달 등 닥치는 대로 일하며 가족의 생계를 도왔습니다. 그러나 늘 마음속엔 언젠가 자신의 가게를 차릴 것이라는 꿈이 생겼습니다.

"가리지 않고 많은 일을 했는데 유독 식당 일이 재밌고 저와 잘 맞았습니다. 처음엔 홀서빙만 하다가 주방 이모님들과 친해져서 음식 조리도 배웠어요. 그 후 일손이 바쁠 땐 주방 보조로 투입되어 간단한 음식은 직접 만들어 손님들께 내드렸습니다. 제가 만든 게 더 맛있다며 5천 원, 만 원 팁까지 주실 때면 정말 기뻤어요. 그때 저 자신과 약속했습니다. 내가 만든 음식을 누군가 맛있게 먹어주고 돈을 벌 수 있는, 이렇게 행복한 일을 평생의 업으로 삼겠다고요."

3장. 첫 실패, 그리고 벼려진 칼날

1993년, 그는 꿈에 그리던 자신의 가게를 서귀포시에 열었습니다. 그러나 의욕만 앞서 성급히 열었던 작은 고깃집은 경험 부족이라는 현실의 벽을 넘지 못했습니다.

"평소 알고 지내던 부동산 사장님께 목 좋은 가게가 싸게 나왔다며 소개를 받았습니다. 평균 매출을 확인하고 시간대별 유동 인구 파악도 해야 했는데 전혀 생각하지 못 했어요. 덜컥 계약부터 하고 준비 없이 가게를 열었으니 잘 될 리가 없었죠."

1년 만에 가게 문을 닫고 가진 돈을 모두 잃었던 이때, 그는 역설적으로 가장 중요한 것을 얻었습니다.

"첫 실패를 통해, 저는 요리와 서비스, 그리고 경영의 본질에 대해 뼈저리게 배울 수 있었습니다. 왜 실패했는지를 복기하며, 다음을 준비하는 혹독한 담금질의 시간을 보냈습니다."

그에게 첫 실패는 끝이 아니라, 가장 값비싼 등록금을 낸 최고의 경영 수업이었습니다.

4장. 서울에서 발견한 제주의 미래

1996년, 그는 서울에서 열린 제주 특산물 박람회에서 운명적인 기회를 발견합니다. 바로 '제주 흑돼지'의 무한한 가능성이었습니다.

"그때까지 제주 흑돼지는 그냥 '제주도 돼지'일 뿐이었죠. 하지만 서울 사람들의 뜨거운 반응을 보며 확신했습니다. 이것을 제대로 브랜드화한다면, 전국 어디서든 통할 수 있는 강력한 무기가 될 수 있겠다고요."

제주도 고유의 자산을 활용한 차별화 전략이, 그의 머릿속에 뚜렷이 자리 잡기 시작했습니다. 실패의 잿더미 속에서, 그는 제주의 땅이 품고 있던 가장 강력한 보물을 발견한 것입니다.

5장. 다시 서귀포에서, 이번엔 제대로 일어나다

1999년, 그는 다시 서귀포에 흑돼지 전문점을 열었습니다. 지역 농가와 직거래하여 좋은 고기를 들여오고, 전통 된장소스를 직접 개발하는 등 차별화를 시도했습니다.

"도내에서 인증한 흑돼지 전문농장을 일일이 찾아다니며 계약을 맺었습니다. 육색이 짙고 마블링이 좋은 고기만 엄선해서 들여왔죠. 손님들은 육질부터 다르다며 좋아하셨어요. 여기에 추자도산 꽃멸치로 만든 '멜젓'을 직접 끓여 내놓으니 입소문이 퍼지기 시작했습니다."

그의 노력은 제주 흑돼지 구이를 '제주에 가면 반드시 먹어야 할 음식'의 반열에 올려놓았습니다.

6장. 맛의 표준화, 시스템을 구축하다

2005년 2호점을 열며, 그는 주먹구구식 경영이 아닌 '시스템'을 구축하기 시작합니다. 프랜차이즈 사업의 가장 큰 과제는 '일관된 품질 유지'라고 판단한 그는 맛의 표준화를 위해 모든 것을 매뉴얼화했습니다.

"흑돼지 생고기 구이는 250도 참숯에 전면 3분, 후면 2분을 굽고, 이에 소스 20g을 제공하는 식으로 모든 조리법을 수치화

했습니다. 제주 농가와 계약한 육류를 본사에서 한번에 가공하고, 김치와 양념 등도 반조리 상태로 각 매장에 공급하여 어느 지점에서든 '같은 맛, 같은 풍미'가 나도록 했습니다. 또한 '고객 응대 5단계' 매뉴얼을 만들어 서비스까지 체계적으로 설계했습니다."

시스템을 만들고 정착시키기까지 그가 가장 참고했던 인물은 현대 경영학의 아버지 '피터 드러커'였습니다. "측정되는 것은 관리된다(What gets measured gets managed)"라는 드러커의 말에 공감하며, 그는 자신의 손맛을 그 누구도 복제할 수 있는 '시스템'으로 전환했습니다. 그리고 이런 관리를 통해 '누가 해도 맛있고 친절한 가게'라는 브랜드 신뢰를 확보했습니다.

7장. 서울 진출, 강남에 꽂은 제주의 깃발

2012년, 그는 서울 강남에 직영점을 열었고, 불과 3년 만에 그 식당이 입점한 상가 건물을 통째로 매입하는 저력을 보여줍니다.

"모두가 무모한 도전이라고 말했습니다. 하지만 저는 자신 있었어요. 제주에서 검증된 맛과 시스템이라면, 대한민국에서 유동 인구가 가장 많고 입맛이 까다로운 강남에서도 통할 것이라고 믿었습니다."

이는 그에게 자산가로서의 전환점이자, 제주 토종 브랜드가 대한민국 중심에서도 통할 수 있다는 자부심을 안겨준 상징적인 사건이었습니다.

8장. "잘 사는 것보다, 같이 사는 것"

사업이 커질수록, 그의 나눔의 폭도 넓어졌습니다. 2020년, 코로나19 팬데믹 시절, 그는 제주 시민들에게 무료 도시락을 나누며 온정을 베풀었고, 지역 청년들을 위한 창업 지원 기금도 출연했습니다.

"제가 여기까지 올 수 있었던 것은, 저 혼자 잘나서가 아니라 제주라는 공동체가, 그리고 저희 가게를 찾아주신 수많은 손님들이 계셨기 때문입니다. 잘 사는 것보다, 그분들과 함께 같이 사는 것이 더 행복한 일 아니겠습니까."

9장. 한 사람의 힘이 아닌, 시스템의 힘으로

그는 이제, 대표 한 명의 능력에 좌우되지 않는 '100년 기업'을 꿈꿉니다. 장남과 우수 직원들을 차세대 경영자로 육성하며, 누가 맡아도 흔들리지 않는 견고한 시스템을 구축하고 있습니다.

"제가 없어도 저희 브랜드는 계속되어야 합니다. 그러기 위해서는 저 한 사람의 감이나 손맛이 아닌, 누가 맡아도 흔들리지 않는 견고한 시스템이 필요합니다. 맛의 표준화, 서비스의 체계화, 그리고 인재 육성이라는 세 개의 기둥이 우리 브랜드를 지켜줄 거라 믿습니다."

10장. 마음의 부자, 안규남

수백억 자산가가 된 지금도, 그는 여전히 매일 오전 6시면 가장 먼저 매장에 나와 직원들과 함께 청소를 합니다. 손님 한 분 한 분에게 허리 숙여 인사를 건네고, 주방의 불씨를 점검하는 그의 모습은, 첫 가게를 열었던 그 시절 청년의 모습 그대로입니다.

"결국 가장 중요한 것은 마음의 부자라고 생각합니다. 내가 행복해야, 내 주변 사람들도 행복하게 할 수 있습니다. 그러니 오늘도 웃어야지요."

'마음 부자'인 그가 앞으로 우리에게 전할 행복의 맛, 감동의 순간이 오랫동안 함께하기를 기대합니다.

안규남 대표는 제주의 가치에 '시스템'이라는 현대적인 옷을 입히고, 그 성공을 '나눔'이라는 따뜻한 마음으로 완성한 진정한 기업가입니다. 그의 여정은 우리에게 묻습니다.

"나는 오늘, 진짜 내 삶을 살고 있는가?"

그리고 증명합니다. 진정한 성공은 혼자 이룬 부(富)가 아니라, 함께 나누는 마음속에 있다는 것을 말입니다.

★★★★★ 안규남 대표의 성공 철학

항목	내용
1. 성공 요인	가난과 학업 중단에도 굴하지 않은 성실함과 근성 개인의 이익보다 공동체와 상생을 중시하는 가치관
2. 사업 성공 노하우	제주 흑돼지의 브랜드화와 맛의 표준화 시스템 구축 전통(멜젓, 된장소스)과 현대화(매뉴얼, 프랜차이즈 운영)의 결합
3. 원칙과 습관	실패 원인을 복기하며 철저히 준비 후 실행(6시 출근, 직원과 청소) 잘사는 것보다 같이 사는 것이라는 나눔 정신, 고객 중심 태도
4. 성장 배경	제주 출생, 부모님의 사랑과 가족의 온기 속 성장(아버지 사고) 아르바이트, 택배일로 생계 책임, 꿈을 간직하며 식당현장에서 배움
5. 성공 분야	제주 흑돼지 전문점 운영, 다점포 확장, 서울 강남 진출 및 건물 매입
6. Insight	실패는 성공의 밑거름, 교훈을 배우면 더 큰 기회가 온다 진짜 경쟁력은 시스템과 사람이다. 함께 나누는 상생 속에 완성된다
7. 성현/명사	문화는 전략을 아침 식사로 삼는다(사람이 곧 브랜드) – 피터 드러커 자신을 발견하는 가장 좋은 방법은 자신을 타인을 위한 봉사에 헌신하는 것이다 – 간디

프롤로그

"법인 몇 개 있다고 성공한 사람인
가요? 저는 다른 걸로 성공한 부자입
니다."

성공의 척도를 묻는 세상의 질문에,
그는 자신을 '사람 부자'라 불러달라
말합니다. 흑산도라는 작은 섬에서 태

어나 10여 개의 법인을 이끄는 기업가로 성장한 안민오 대표. 워런 버핏이 "돈과 권력보다 자신을 사랑하는 사람의 숫자가 성공의 척도"라고 말했듯, 그의 삶은 진짜 성공이 보이지 않는 가치에서 비롯됨을 증명합니다. 특별하지 않기에 오히려 더 큰 위로를 주는 그의 인생에서, 우리는 "진정한 성공은 무엇으로 남는가"라는 질문을 떠올립니다.

1장. 바다 끝 섬 소년, 돈의 가치를 배우다

전라남도 흑산도. 7남매 중 둘째로 태어난 그의 세상은 바다와 연탄, 물지게, 그리고 늘 주린 배와 맞닿아 있었습니다. 소년의 삶은 어린 시절부터 스스로 용돈을 벌지 않으면 살아갈 수 없는 가혹한 세월이었습니다.

"연탄 배달, 물 긷기는 기본이었고, 쓰레기장을 뒤져 탈 수 있는 건 모조리 주워 팔았습니다. 그렇게 번 돈을 허투루 쓰지 않고 악착같이 모았죠. 아주 어릴 때부터, 돈을 버는 것보다 지키는 것이 더 중요하다는 것을 몸으로 깨우쳤습니다."

적은 돈을 벌더라도 쓸 돈과 모을 돈을 철저히 구분했던 그는 부모님이 어려울 때 손 내밀 수 있는 든든한 아들이었습니다. 가난은 그에게서 많은 것을 앗아갔지만, 동시에 '돈을 벌고 지킬 줄 아는 지혜'라는 가장 큰 선물을 남겼습니다.

2장. 스무 걸음, 두 발로 걸어 넘은 청춘

더 나은 삶을 꿈꾸며 목포로 유학 온 그의 학창 시절은 더욱 팍팍했습니다. 등록금을 가장 늦게 내고, 학교까지 20리를 걸어 다니는 고등학생이 바로 그였습니다.

"친구들이 버스에 몸을 실을 때, 저는 두 발로 걸었습니다. 처음엔 1시간 반씩 걸리던 등굣길이 나중엔 몸이 익숙해졌는지 1시간이면 학교에 도착했죠. 단축된 시간만큼 책 한 장 더 보고 체력을 비축했습니다. 방학이면 공사판에서 막일을 하며 다음 학기 생활비를 벌었어요. 하지만 그 시간을 결코 원망하진 않습니다. 저의 근성과 끈기는, 바로 그 고통스러운 시간 속에서 단련되었습니다."

3장. '사장 같은 직원'이 되다

군 복무 시절 부대 조직을 이끌었던 경험은 훗날 그의 리더십의 밑거름이 되었습니다. 전역 후, 그는 좋은 회사를 만나 인생의 가장 큰 기회를 얻게 됩니다. 대표로부터 작은 결정권을 위임받은 그는 이때부터 스스로 '사장 같은 직원'이 될 것을 다짐합니다.

"리더십은 직함이 아니라 태도에서 시작된다고 믿었습니다.

저는 회사 직원이었지만, 항상 사장의 관점에서 일했습니다. 회사의 장기적인 이익을 먼저 고민했고, 제 일처럼 아이디어를 내고, 사장의 무게로 모든 일을 판단하고 책임졌습니다."

4장. 97%의 신뢰, 진짜 사장이 되다

그의 남다른 태도는 마침내 회사 오너에게 '저 친구에게는 회사를 맡겨도 되겠다'라는 확신을 주었고 사업체를 분리하던 시점, 오너는 그에게 하청업계에서는 상상조차 할 수 없는 제안을 합니다. 수익의 '97%'를 그에게 넘겨주겠다는 파격적인 제안이었습니다.

"이건 단순히 숫자로 설명할 수 있는 문제가 아니었습니다. '네가 사장처럼 행동했으니, 이제 진짜 사장이 되어도 된다'라는, 오너의 전적인 신뢰와 인정의 상징이었습니다. 그 믿음 하나로, 저는 제 인생의 첫 사업 기회를 얻었고, 그것이 지금 10여 개 법인을 이끄는 출발점이 되었습니다."

안민오 대표가 '사장의 눈'으로 본 세상은 결코 혼자서 살아갈 수 없는 것이었습니다. 그는 늘 좋은 인연을 만들고, 그 인연을 통해 기회를 얻었습니다. '주는 사람'에게는 반드시 '돌아오는 손'이 있다는 사실을 일찌감치 깨달았고, 자신이 받은 기회를 다시 직원들에게 비전으로 나눠주며 함께 성장해 왔습니다.

5장. 종잣돈, 기적을 만드는 훈련

"돈이 없으면 행동에 제약이 생깁니다. 활동 반경을 줄여야 하고 자연스레 생각도 작아집니다."

그는 젊은이들에게 반드시 '종잣돈'을 마련해야 한다고 강조합니다. 그에게 종잣돈은 돈의 양이 아닌, 인내력과 비전이 집약된 '훈련의 결과물'입니다.

"누구나 돈은 벌 수 있습니다. 하지만 모으는 건 능력이에요. 남들이 새 차 사고 명품 살 때, 저는 '지금은 씨를 뿌리는 시기'라며 저 자신을 절제시켰습니다. 벤저민 프랭클린이 '작은 구멍 하나가 거대한 배를 가라앉힌다'라는 말을 남겼잖아요. 이 말을 처음 봤을 때 호기심이 생겨서 더 찾아보니, 이 글귀 앞에 '작은 지출을 삼가라'라는 말이 있더군요. 전적으로 동의합니다. 저는 수입이 늘어도 생활 수준을 고정했어요. 월 100만 원을 벌든 300만 원을 벌든, 생활비는 50만 원 선을 지켰고 나머지는 무조건 저축했습니다. 이런 훈련이 저의 자산을 만들었습니다."

6장. 실패하지 않는 투자의 원칙

그는 이렇게 모은 종잣돈을 자신이 잘 아는 분야, 통제할 수 있는 영역에 꾸준히 투자했습니다. 하지만 그에게는 절대로 깨지 않는 원칙이 있었습니다.

"'달걀을 한 바구니에 넣지 말라'는 말처럼, 저는 한 분야에 가진 자산의 50%를 넘는 투자는 절대로 하지 않았습니다. 실패하더라도 다시 시작할 수 있는 안전장치를 항상 마련해 두었죠. 운이 아니라 훈련으로 자산을 만들었고, 작게 시작해서 절대 무너지지 않도록 키웠습니다."

7장. 25년의 축적, 10개 법인의 사나이

흑산도의 소년은 25년의 세월이 흘러 10여 개의 법인을 이끄는 중견 사업가가 되었습니다. 다부지게 모은 종잣돈을 예나 지금이나 함부로 쓰지 않는 삶. 이사 한 번 제대로 하지 않고, 모든 수익을 다시 사업에 투자하며 선순환 구조를 만들어냈습니다.

"저는 위기를 두려워하지 않았습니다. 오히려 위기는 남들이 움츠러들 때, 준비된 사람에게는 새로운 기회가 되더군요. 시장의 흐름을 읽고, 신중하게 판단하되, 한번 결정하면 과감하게 투자했습니다."

그의 성공 비결은 '다각화'와 '선순환 투자'였습니다. 한 우물에만 머무르지 않고, 위기가 기회가 되는 순간을 포착하여 신중하지만 과감한 결정으로 지금의 위치에 올랐습니다.

8장. 리더의 조건, 이기기 위해 지는 용기

10여 개의 법인을 이끄는 리더가 된 그에게는 자신만의 확고한 경영 철학이 있습니다. 그것은 바로 '지는 리더십'입니다.

"저는 직원과 싸워서 이기는 리더는 오래가지 못한다고 생각합니다. 주변 업체들만 봐도 싸워서 이기는 것은 결국 상처뿐인 승리였어요. 진짜 리더는 이기는 사람이 아니라, 져줄 줄 아는 사람입니다."

과거 그의 오너가 그랬듯, 안민오 대표 역시 직원들에게 마음을 열고 권한을 나눠주며 그들이 스스로 사장이 될 수 있도록 돕습니다. 그의 '지는 리더십'이야말로, 회사를 더 강하게 만들고 사람을 남기는 비결이었습니다.

9장. 좋은 인생은 좋은 인연에게서

그는 인생에서 가장 중요한 자산은 돈이 아닌 '사람'이라고 힘주어 말합니다.

"좋은 인생은 좋은 사람을 만나는 데서 시작됩니다. 제가 아무리 똑똑하고 열심히 살아도, 좋은 인연이 없었다면 지금의 저는 결코 없었을 겁니다."

안민오 대표는 늘 미래지향적이고 배울 점이 있는 사람을 곁에 두려 노력했습니다. 그 인연들이 모여, 오늘의 그를 만들었습니다. 그리고 지금, 그는 자신이 세상으로부터 받은 사랑과 기회를 직원들과 가족에게 아낌없이 돌려주며, 또 다른 좋은 인연의 씨앗을 뿌리고 있습니다.

10장. 사소한 것에 목숨 걸지 마라

그는 끝까지 조용히, 오늘과 다름없는 인생의 마지막 날을 살겠다고 합니다. 그의 목소리에는 삶과 죽음을 초월한 사람만이 가질 수 있는 담담함이 배어 있습니다.

"언젠가 SNS에서, '누군가가 죽고 한 달만 지나도 그의 가족조차 TV 프로그램을 보며 웃을 수 있다'라는 글을 봤습니다. 무척 공감되는 글이었어요. 저 하나 사라진다고 해서 세상에 달라지는 건 아무것도 없습니다. 그저 제 몫의 삶을 잘 살아냈으니, 그걸로 충분한 거죠. 남은 사람들에게는 그저 잘 살라는 한마디만 남기고 싶습니다."

삶과 죽음은 순리이며, 과욕은 절망을 낳는다고 그는 이야기합니다. 젊은 날 우연히 선물 받은 책의 제목처럼, 그는 '사소한 것에 목숨 걸지 않는' 지혜로 오늘을 살아갑니다.

안민오 대표의 삶은 고통의 바다를 건너 희망의 육지에 다다른 위대한 여정이었습니다. 그는 돈보다 사람을, 권력보다 인연을, 성장보다 나눔을 기억하는 삶을 살아왔습니다. 우리도 각자의 자리에서 '직원 같은 직원'이 아닌 '사장 같은 삶'을 시작해 보는 건 어떨까요? 그 태도 하나가 당신의 인생을 바꿀 수 있을지도 모릅니다.

★ ★ ★ ★ ★
안민오 대표의 성공 철학

항목	내용
1. 성공 요인	자립심과 절약정신, 좋은 인연과 기회를 포착하는 능력 철저한 준비와 실패를 대비한 리스크 관리
2. 핵심 노하우	'사장 같은 직원'을 키우는 조직 문화, 결정권 위임과 책임의 공유 다각화된 사업 구조와 선순환 투자
3. 원칙과 습관	철저한 저축과 자산 절반 이상은 투자하지 않음 싸우지 않음, 져주는 리더십, 꾸준한 공부와 오픈 마인드 유지
4. 성장 배경	흑산도라는 한정된 환경 속 자립형 성장, 조기 노동 경험, 근면성과 근성, 학비조차 힘들었던 현실을 극복한 열정
5. 성공 분야	전기 전력공급업, 전기 사업자, 관공서 전기 공사 보조업 후계자 승계 시스템 구축과 사업의 다각화
6. Insight	기회는 준비된 자에게 온다. 마음을 비우면 절망도 희망이 된다. 성공은 인연, 노력, 그리고 나눔의 총합이다.
7. 성현/명사	성공은 매일 반복되는 작은 노력이 모여 이루어진다 – 헨리 데이비드 소로우 미래는 자신의 꿈의 아름다움을 믿는 사람의 것이다 – 루즈벨트

프롤로그

"사람은 서울로, 말은 제주로 보내라." 성공을 갈망한다면 돈과 사람이 모이는 서울로 가야 한다는 옛말입니다. 까마득한 시골에서 보따리 하나 둘러메고 서울로 올라와 어떻게든 살아남기 위해 발버둥 쳤던 예손해 대표는, 이 말을 온몸으로 증명해 낸 사업가입니다.

"간, 쓸개 다 내놓으며 자존심 버리고 엎드려야 합니다. 그때부터가 진짜 출발입니다."

사소한 것에 얽매이지 말고 더 큰 목표를 위해 유연해져야 한다고 강조하는 예손해 대표. 성공자가 말하는 '자존심 버리기 프로젝트'가 과연 우리에게 어떤 성공을 불러올지, 그의 거침없는 인생 속으로 들어가 봅니다.

1장. 흙 지게를 진 소년, 서울을 꿈꾸다

1948년 경남 밀양, 7남매 중 둘째로 태어난 그에게 굶주림은 일상이었습니다.

"1960년대까지 우리나라 농촌에선 매년 5월만 돼도 양곡이 다 떨어져 굶기를 밥 먹듯 했습니다. 이걸 '보릿고개'라 불렀는데 우리 집은 일 년 내내 보릿고개였어요. 어쩌다 쌀이 생겨 밥을 지으면 할아버지와 아버지, 할머니 정도까지만 드시곤 뚝 끊겼습니다. 배가 고파서, 정말 배가 고프다는 그 이유 하나만으로 서울로 도망치고 싶었습니다. 그런데 도망도 돈이 있어야 되더군요. 차비조차 없어서 발이 묶인 그때, 동네 어르신들 흙 지게를 대신 져주고 품삯으로 받은 밀가루를 팔아 겨우 차비를 마련했습니다."

맨주먹으로 도착한 서울 청량리. 친구의 하숙집에 신세를 지며 시작된 서울살이는 설움의 연속이었지만, 그는 절망하지 않았습니다. 이곳이야말로 그가 꿈에 그리던 '큰물'의 시작이었기 때문입니다.

2장. 명동의 보따리장수, 세상을 배우다

그는 친구가 일하던 공장에서 만든 지갑, 벨트, 열쇠고리 등 가죽이 쓰인 소품이라면 모조리 보따리에 싸 들고 무작정 명동으로 향했습니다.

"다행히 친구의 일터였던 공장 사장님께서 잘 봐주신 덕분에 가죽 소품을 헐값에 살 수 있었어요. 가진 거라곤 몸뚱이와 보따리뿐이었습니다. 사람 많고 가게 많은 곳, 도매품을 사기 위해 소매상이 몰리는 곳을 생각하니 '명동'밖에 떠오르지 않았어요. 보따리를 이고 지고 명동 가는 버스에 올랐는데 차장이 짐이 많다며 어찌나 눈치를 주던지요. 청량리에서 명동까지 가는 내내 울음을 삼켰던 기억이 납니다."

서울의 중심이자 대한민국의 모든 것이 시작되던 그곳, 명동에서 그는 보따리 장사를 하며 돈의 속성과 '큰물'의 생리를 온몸으로 익혔습니다.

"남들보다 나은 눈을 갖고 싶으면, 먼저 그 큰판 속에서 눈을 떠야 합니다. 명동의 백화점과 양장점을 드나들며, 그곳 사장님들의 눈빛 하나, 말 한마디에서 장사를 배웠습니다. 성공한 사람들은 말투도, 자세도, 돈 쓰는 방식도 다르더군요."

3장. 부동산, 시대의 흐름에 올라타다

명동에서 번 돈으로 고향의 식구들을 도우며 기반을 닦던 그는, 수도권에서 새로운 기회를 포착합니다. 바로 부동산이었습니다. 부천에 터전을 마련한 그는 그곳에서 얻은 수익으로 집을 짓고, 시흥의 땅을 사들여 5층짜리 건물을 올리는 데 성공합니다.

"부동산이 막 들썩이기 시작할 때였죠. 은행에서 융자 1억을 받아 집 짓고 땅을 샀는데, 6년 동안 이자 한 번을 안 밀렸습니다. 매월 1일이면 통장 들고 은행부터 갔어요. 4년쯤 되니까 직원들 다 나와 인사하고 반기더니, 하루는 누가 집으로 찾아왔길래 보니까 은행 지점장이었습니다. 명절 인사 차 왔다며 고기 세트를 사들고 온 그분이랑 저희 집에서 밤늦게까지 술잔을 기울인 기억도 나네요. 그때 지점장도 저에게 자산을 일군 비결을 물었습니다. 타이밍을 놓치지 않는 결단력, 일단 시작하면 끝을 보는 실행력. 그게 전부라고 답해줬습니다."

4장. 40까지는 개처럼, 50부터는 즐겁게

그의 인생 철학은 단순하고도 명쾌합니다. '40대까지는 이 악물고 일해서 부를 쌓고, 50대부터는 그 결실을 마음껏 즐긴다.'

"일이라는 게 속된 말로 '개처럼' 해야 할 때가 있습니다. 생각보다 그 기간이 그리 길지 않아요. 즐기더라도 그다음에 즐겨야죠. 저는 사십 줄이 넘어서도 아침마다 '내 간과 쓸개는 우리 집 냉장고에 넣고 나간다' 생각하며 집을 나섰습니다. 젊을 때 바짝 엎드려서 부지런히 살면, 돈은 반드시 따라옵니다. 자존심은 돈 번 다음에 챙겨도 절대 늦지 않습니다."

5장. 지금, 나는 초연하다

어느덧 70세를 훌쩍 넘긴 지금, 그는 모든 후회와 아픔, 걱정 근심을 내려놓았다고 말합니다. 과거에는 부의 상징이었던 고급 시계를 차고 기사를 고용하여 수입차를 타고 다녔지만 이제는 아무런 감흥도, 물욕도 없다고 합니다.

"이제는 하루하루 즐겁게 사는 게 인생의 최종 목표입니다. 복지관 가서 친구들과 장기를 두는 게 낙이고, 가끔 마음 맞는 사람들끼리 모여 골프도 치곤 하죠. 공이 잘 맞으면 잘 맞는 대로 기분 좋고 안 맞으면 안 맞는 대로 친구들에게 한턱낼 수 있으니 즐거운 일 아니겠습니까. 욕심 같은 건 다 사라졌습니다.”

6장. 아픈 고백, 상처를 안고 살다

그의 인생에는 누구에게도 쉽게 꺼내지 못할 깊은 그림자도 있습니다. 철없고 가난하던 시절, 하나의 사랑을 지키지 못했고, 한 아이를 세상에 내놓지 못한 아픔입니다.

“집도 절도 없이 친구 집에 얹혀살 때 만난 사랑을 감당할 수가 없었습니다. 아이를 낳을 준비도 전혀 안 되어 있었죠. 불안한 제 마음을 알았는지 아이가 스스로 가버렸고 사랑도 떠나버렸습니다.”

그 일은 평생의 가시로 남았지만, 이제는 숨기지 않습니다. “인생의 끄트머리에 와 있으니, 더 이상 숨기고 꾸밀 필요가 없다”라며, 지금 곁을 지켜주는 아내에게 그저 감사할 뿐입니다.

“말 못 할 과거를 다 껴안아 주고, 말없이 함께 살아줘서 정말 고맙소.”

7장. 인생에서 가장 중요한 세 가지

그가 생각하는 인생에서 가장 중요한 세 가지는 무엇일까요?

첫째, '인정받는 삶'입니다. 조직에서 최고가 되어야 진짜 인정을 받는 것이라고, 그는 믿습니다. 둘째, '40대까지 목표 달성'입니다. 50대부터는 자존심 때문에 기회를 잡기 어렵다고 그는 조언합니다.

"세 번째로 꼽을 수 있는 건 '양심과 떳떳함'입니다. 어디에서 무슨 일을 하든 자존심은 버리되, 죄는 짓지 말고 떳떳하게 살아야 합니다. 어찌 보면 첫째, 둘째 덕목보다 우선되어야 할 가치이기도 하죠."

그는 매년 다이어리 맨 앞장에 '양심을 지키고 떳떳한 예손해'라고 써놓으며 스스로를 점검한다고 합니다.

8장. "청춘이여, 사람과 자본이 도는 동네로 가라"

수십 년간 맨몸으로 시장의 한복판을 다니며 그가 얻은 지혜는, 날것 그대로이기에 더욱 날카롭습니다. 그는 오늘을 살아가는 젊은이들에게, 특히 아직 가야 할 길이 먼 20~30대에게 거침없는 조언을 던집니다.

"가장 먼저, 사람이 모이고 돈이 도는 동네로 가야 합니다. 작은 동네, 편안한 환경, 내 수준에 맞는 곳에만 머물면, 결국 나도 그 수준에 갇히게 됩니다. 성공한 사람들의 겸손하지만 단호한 말투, 곧은 자세, 우선순위를 두고 돈 쓰는 방식 등을 현장에서 눈으로 배우고 몸으로 익혀야 합니다. 그 다음엔 바짝 엎드려서 부지런히 살아야죠. 그러면 돈은 따라오게 되어 있습니다."

그는 최근 『마흔에 읽는 니체』를 읽고 "나를 죽이지 못하는 고통은, 나를 더욱 강하게 만들 뿐이다"라는 문장에 밑줄을 쳤습니다. 그가 말하는 '큰물'이란, 더 큰 고통 속으로 기꺼이 뛰어들어 더 강한 존재로 거듭나라는 뜨거운 격려일지도 모릅니다.

9장. 마지막까지 꾸밈없는 인생의 마무리

시한부 삶이 주어진다면 어떻게 하겠냐는 질문에, 그의 대답에는 조금의 망설임도, 꾸밈도 없었습니다.

"운명은 정해져 있습니다. 괜히 발버둥 치지 않을 겁니다. 인생의 끄트머리에 와 있는 지금, 더 이상 숨기고 꾸미고 포장할 필요가 뭐 있겠습니까."

그는 마지막 6개월도 평소처럼 먹고, 마시고, 걸으며 담담하게 작별을 고하겠다고 말합니다. 모든 것을 내려놓고, 왔던 곳으로 돌아가는 것이 인생의 순리임을 그는 이미 알고 있기 때문입니다.

10장. 남겨둘 것과 내려놓을 것

이제 그는 '더 벌' 계획 대신 '어떻게 남길지'를 고민합니다. 건물의 등기부보다, 일상의 습관표를 더 자주 들여다보는 시기. 그는 조용히 삶의 장부를 정리합니다.

"돈은 내 곁에 오래 머무르지 않습니다. 대신 원칙은 남습니다. 그래서 저는 남겨둘 원칙과 내려놓을 욕심을 구분합니다."

남겨둘 것부터 적어 내려갑니다.

첫째, 사람과 신뢰. 세입자와의 계약서에선 변호사 조항보다 약속의 무게가 더 중요하다고 믿었습니다. 늦은 밤 고장 난 보일러를 같이 내려가 살피던 그 한 번의 수고가, 10년 동안 공실 없는 건물의 비결이었다는 걸 압니다.

둘째, 시스템. "사람을 믿되, 시스템은 냉정해야 한다." 임대료 자동이체, 미납 알림, 정기 점검표, 임대차 갱신 루틴… 그가 평생 몸으로 익힌 노하우가 이제 문서와 체크리스트로 정리됩니다.

셋째, 다음 세대. 자녀와 후배들에게 건물을 물려줄 때, 그는 이렇게 말합니다. "건물은 관리하면 자산이고, 방치하면 짐이다. 관리를 물려줘라."

내려놓을 것도 분명합니다.

첫째, 보여주기 경쟁. "시계, 차, 골프 스코어… 다 내려놨습니다. 행복에는 계기판이 없더군요."

둘째, 불필요한 자존심. 그는 젊은 날 늘 외우던 주문을 여든 가까이 된 지금도 반복합니다. "자존심은 돈 번 다음에 챙겨라. 그리고 번 다음엔 굳이 챙길 필요가 없더라."

셋째, 미련. 잘못 산 땅, 과하게 진 대출, 늦게 알게 된 지혜 모두를 미련 대신 기록으로 남깁니다. "남은 사람은 실수를 반복하지 않으면 됩니다."

그는 마지막으로 유산 설계의 기준을 네 줄로 요약합니다.

1. 현금흐름이 끊기지 않도록: 임대 포트폴리오는 지역·업종을 분산하고, 공실 대비 현금 확보선을 정한다.

2. 사람이 우선인 건물: 시설·안전·청결에 투자하라. 비어 있는 건물보다 평판 나쁜 건물이 더 위험하다.

3. 세금은 비용이 아니라 설계: 미리 전문가와 시나리오를 짜라. 내 돈을 지키는 가장 '정직한 길'이다.

4. 이익의 출구를 만든다: 일정 비율을 꾸준히 기부·장학·공익에 묶어두면, 돈은 나보다 오래 선하게 일한다.

마지막 질문을 던졌습니다. "회장님에게 성공은 무엇이었습니까?"

그는 잠시 창밖을 보다 고개를 끄덕였습니다.

"버티는 품격이요. 개처럼 일하던 스무 해, 즐길 수 있었던 또 다른 스무 해, 그리고 초연하게 비우는 지금. 셋 다 필요했습니다. 남겨둘 건 원칙, 내려놓을 건 욕심. 그렇게 정리하니 인생 장부가 딱 맞아떨어지더군요."

그는 오늘도 건물 계단을 천천히 내려오며 경비실에 들러 인사를 건넵니다.

"날 춥습니다. 히터는 잘 나오지요?"

작은 안부가 건물 전체의 온도를 올립니다. 그가 남긴 가장 큰 자산은, 어쩌면 따뜻하게 관리된 관계일지 모릅니다.

"끝까지 성실하면, 마지막엔 고요가 옵니다. 고요 속에서야 비로소 내가 무엇을 남기고 떠나는지 보이더군요."

에필로그

예손해 대표의 삶은 성공도 실패도, 심지어 아픔마저도 자기 방식대로 껴안고 살아온 한 '자유인'의 기록입니다. 그는 "어떻게 살아야 하는가"라는 거창한 질문에, 어쩌면 가장 명쾌한 답을 우리에게 보여주었는지도 모릅니다.

"남들보다 잘 산 것도 아니고, 꼭 자랑할 삶도 아니지만, 나는 내게 주어진 삶을 제대로 살았다고 믿습니다. 이제는 나를 받아들이는 일이 가장 중요하다는 걸 알게 됐습니다."

맨주먹으로 '큰물'에서 살아남는 법을 배웠고, 시대의 흐름을 읽어 부를 쌓았으며, 인생의 아픔마저 끌어안은 그의 여정. 그 끝에서 그는 '자기 자신을 온전히 받아들이는 것'이야말로 삶의 가장 중요한 마침표임을 이야기합니다.

★ ★ ★ ★ ★

예손해 대표의 성공 철학

항목	내용
1. 성공 요인	젊은 시절 자존심을 내려놓고 서울 큰 물에서 현장 경험을 쌓음
2. 핵심 노하우	시대 흐름을 읽고 부동산에 투자, 반복된 건축과 임대 수익 모델
3. 원칙과 습관	'40대까지 개처럼 벌고, 50대부터는 즐겨라'는 철학으로 인생 운영
4. 성장 배경	밀양 시골에서 초등 졸업 후 서울로 상경, 보따리 장사로 출발
5. 성공 분야	가죽 액세서리 유통, 장사, 부동산 건축 및 투자
6. Insight	인생은 한방이 아닌 꾸준한 실행력과 눈치, 타이밍이다. 즐길 수 있을 때 즐겨라. 숙명은 받아들이는 것이다.
7. 성현/명사	꾸준함은 천재성보다 강하다 – 찰리 멍거 작은 기회로부터 종종 위대한 업적이 시작된다 – 벤자민 프랭클린

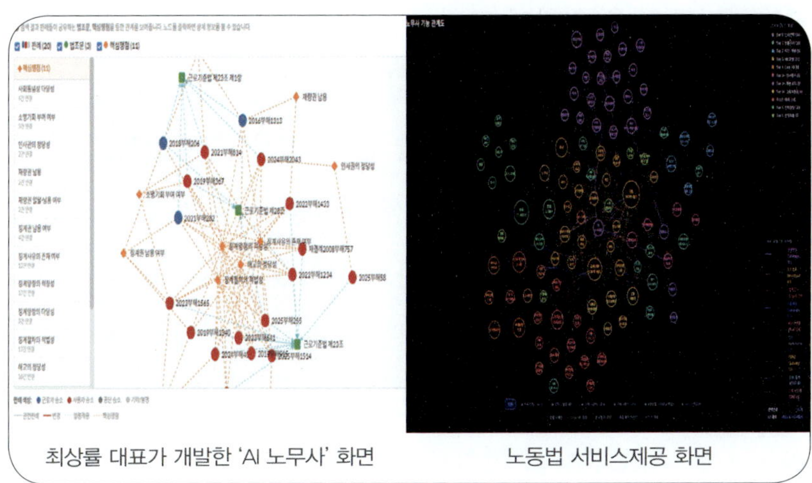

최상률 대표가 개발한 'AI 노무사' 화면

노동법 서비스제공 화면

프롤로그

"행정은 책상 위에서 완성되지 않습니다. 사람의 삶이 있는 현장에서 비로소 답을 찾게 됩니다."

최상률 대표의 삶을 관통하는 문장은 이 한마디로 요약할 수 있습니다.

강원도 산골의 가난한 소년으로 출발해, 40여 년 동안 고용노동행정의 최전선에서 일해 온 그는 언제나 '사람'을 중심에 두고 세상을 바라보았습니다. 제도는 사람이 만들고, 행정은 사람을 위해 존재하며, 기술 또한 결국 사람을 향해야 한다는 믿음. 이 단순하지만 깊은 철학이 그의 공직 인생과 퇴임 후의 새로운 도전까지 일관되게 이끌어 왔습니다.

그는 공직에 몸담은 40년 동안 인사, 감사, 근로감독, 산업안전, 고용정책 등 노동행정의 핵심 분야를 두루 거치며, 서류가 아닌 현장에서 답을 찾는 행정가로 살아왔습니다. 퇴임 후에도 그는 멈추지 않았습니다. 급변하는 노동환경 속에서 축적된 경험과 시대 변화에 대한 감각을 바탕으로, 인공지능 기반 노무관리 시스템 'AI노무사'를 기획하고 개발하며 또 다른 혁신의 길을 걷고 있습니다. 사람을 위한 행정에서 사람을 위한 기술로, 그의 소명은 형태만 달라졌을 뿐 여전히 같은 방향을 향하고 있습니다.

1장. 강원 산골, 가난 속에서 배운 인생의 첫 원칙

최상률 대표는 강원도 삼척의 작은 산골마을에서 7남매 중 여섯째로 태어났습니다. 넉넉하지 않은 환경 속에서 자란 어린 시절은 결코 쉽지 않았습니다. 전기가 자주 끊기고, 생활은 늘 빠듯했습니다. 설상가상으로 어린 나이에 아버지를 여의며 가족의 삶은 더욱 힘겨워졌습니다. 남들보다 일찍 세상의 냉혹함을 배워야 했지만, 그는 그 시간을 불행으로만 기억하지 않습니다. 오히려 그 시절은 그의 삶에 가장 단단한 근육을 만들어 준 시기였습니다.

그는 늘 말합니다. 어린 시절의 가난은 부끄러움이 아니라 감사의 출발점이었다고. 넉넉하진 않았지만 서로를 위해 희생하던 가족, 어떤 상황에서도 맡은 역할을 다했던 어머니의 모습 속에서 그는 자연스럽게 근면, 절제, 책임이라는 가치를 배웠습니다. 그 가치들은 이후 공직자로서, 또 한 사람의 가장으로서 그를 지탱한 삶의 중심축이 되었습니다.

2장. 사람을 이해하는 길, 인문학을 택하다

고등학교 시절, 많은 이들이 보다 현실적이고 실용적인 학문을 선택하던 때였습니다. 산업화의 흐름 속에서 공학이나 상경 계열이 각광받던 시대였지만, 최상률 대표의 선택은 달랐습니다. 그는 인문학의 길을 택했습니다. 겉으로 보기에 더딘 길이었고, 경제적으로도 더 유리한 선택은 아니었지만 그의 마음은 분명했습니다.

"사람을 이해하지 못하면 사회도, 제도도 제대로 볼 수 없다."

이 생각은 젊은 시절부터 그의 마음속에 단단히 자리 잡고 있었습니다. 그는 단지 직업을 위한 공부가 아니라, 사람과 사회의 본질을 이해하는 공부를 하고 싶었습니다.

이 인문학적 기반은 훗날 그가 노동행정의 현장에서 수많은 판단을 내릴 때 중요한 기준이 되었습니다. 숫자와 통계 뒤에 있는 사람의 사연을 읽어내고, 법과 원칙을 지키면서도 인간에 대한 이해를 놓치지 않는 균형감각은 바로 이 시절의 선택에서 비롯된 것이었습니다.

3장. 40년 공직, 현장에서 답을 찾다

최상률 대표는 고용노동부에서 40년 넘게 공직에 몸담으며 인사, 감사, 고용정책, 근로감독, 산업안전 등 노동행정의 핵심 업무를 두루 경험했습니다. 여기에 국무총리실 암행감찰 업무까지 맡으며 행정의 구조와 현장의 실상을 깊이 있게 익혔습니다.

그는 일찍부터 확신했습니다. 보고서만으로는 현장을 알 수 없다고. 숫자는 현상을 보여줄 수는 있어도, 그 숫자 뒤에 숨은 사람들의 고통과 사연까지는 담아내지 못합니다. 그래서 그는 늘 현장으로 향했습니다. 공장의 작업환경, 노동자의 손끝, 사업주의 고민, 산업재해가 남긴 상처들을 직접 보고 들으며 제도의 방향을 고민했습니다.

최 대표는 어떤 상황에서도 사람 중심의 의사결정을 잊지 않았습니다. 규정은 분명해야 하지만, 제도의 목적은 처벌이 아니라 보호에 있어야 한다는 시각을 끝까지 견지했습니다. 현장의 말 없는 질문을 듣고, 그 속에서 정책 개선의 단서를 찾는 것. 그것이 그가 정의한 진짜 행정이었습니다.

4장. 원칙을 지키되, 사람을 놓치지 않다

공직 사회에서 인사와 감사 업무는 특히 무거운 책임을 요구합니다. 그는 공직자는 작은 약속도 반드시 지켜야 한다고 믿었습니다. 사소한 기준을 무너뜨리면 결국 큰 원칙도 무너지기 때문입니다. 그래서 늘 공정함을 우선에 두었습니다. 그 과정에서 오해를 받거나 비난을 감수한 적도 있었지만, 그는 끝내 기준을 바꾸지 않았습니다.

그러나 그의 원칙은 차갑기만 한 것이 아니었습니다. 그는 법과 기준을 지키는 동시에 사람을 이해하는 따뜻함도 잃지 않으려 했습니다. 행정은 사람을 다루는 일이기에, 원칙이 사람를 해치는 방향으로 작동해서는 안 된다고 보았습니다.

5장. 가난을 딛고, 감사로 성장하다

그는 화려한 시작이 성공을 결정한다고 믿지 않습니다. 오히려 작은 일에 얼마나 성실하게 임하는지가 한 사람의 미래를 좌우한다고 말합니다. 주어진 자리에서 최선을 다하는 태도, 티 나지 않는 일에도 정성을 다하는 습관, 누구 보라고 하는 것이 아니라 스스로에게 떳떳하기 위해 노력하는 자세. 이러한 기본기가 결국 사람을 멀리 데려간다는 것이 그의 생각입니다.

실제로 그는 공직 생활 내내 역할을 위해 헌신한다는 태도를 놓지 않았습니다. 자리를 위해 일하는 것이 아니라, 자신에게 맡겨진 기능과 책임을 다하기 위해 일했습니다. 감사실 근무 시절 관행을 바로잡으려 했을 때 주변의 만류가 있었지만, 그는 공직자의 기준은 편리함이 아니라 공익이어야 한다고 보았습니다.

6장. 공직을 넘어, 디지털 노동행정의 길을 열다

퇴임 후 많은 사람들이 안정을 택하지만, 최상률 대표는 새로운 도전을 시작했습니다. 그는 공직에서 쌓아온 경험을 현장의 실질적인 문제 해결로 이어가기 위해 노무법인을 설립하고 대표로 나섰습니다. 그리고 변화하는 노동환경에 대응하기 위해 인공지능 기반 노무관리 시스템, 이른바 'AI노무사'를 직접 기획하게 됩니다.

그가 이 시스템에 주목한 이유는 분명했습니다. 노동현장은 점점 복잡해지고 있었고, 법률과 판례는 빠르게 변화하고 있었습니다. 중소기업과 소상공인, 현장의 노동자들이 최신 노동법과 실무 변화에 실시간으로 대응하기란 쉽지 않았습니다. 결국 필요한 것은 정보 접근의 문턱을 낮추고, 신속하고 공정한 판단을 가능하게 하는 시스템이었습니다.

최 대표는 김경모 노무사와 함께 2020년부터 'AI노무사' 개발에 착수했습니다. 이 시스템은 76,000여 건의 판례와 노동위원회 판정문을 분석해 사건 결과를 예측하고, 실제 해결방안을 제안하는 알고리즘을 기반으로 합니다. 단순히 기술을 도입하는 수준이 아니라, 행정 언어와 법적 판단을 데이터화해 사람 중심의 디지털 시스템으로 구현해 낸 것입니다.

7장. 가족, 나눔, 그리고 삶을 지탱하는 힘

최상률 대표의 삶에서 가족은 언제나 출발점이자 귀착점이었습니다. 그는 자녀들에게도 특별한 유산을 남기고 싶어 합니다. 재산이나 지위보다 더 중요한 것은 정직함과 책임, 그리고 나눔의 가치라고 믿기 때문입니다. 어떤 위치에 있든 사람답게 살아가는 태도, 주어진 일에 최선을 다하면서도 결과에 지나치게 매이지 않는 담담함, 자신의 성취를 공동체와 함께 나누려는 마음. 이것이 그가 다음 세대에 전하고 싶은 삶의 원칙입니다.

8장. 청년과 후배들에게, 원칙 있는 삶을 말하다

긴 세월 공직과 현장을 경험한 최상률 대표는 요즘 청년들과 후배들에게 성취의 기쁨을 선택하라고 말합니다. 작아 보이는 일이라도 직업의식과 주인의식을 가지고 임하면 결국 다른 결과를 만들어낸다고 믿습니다. 당장 눈에 띄는 보상이 없더라도, 자신만의 기준과 태도를 지키는 사람은 긴 시간 속에서 반드시 차이를 만든다는 것입니다. 또한 당신이 하는 일이 크든 작든 그것은 사회의 한 부분이며, 바로 그 지점에서 자존감이 시작된다고. 자신이 맡은 자리의 의미를 알아보는 사람, 결과 이전에 태도를 세우는 사람, 타협보다 기준을 선택하는 사람이 결국 조직과 사회를 바꾼다고 믿습니다.

9장. 남은 시간, 다시 사회를 위해 쓰고 싶다

최상률 대표가 그리고 있는 미래는 분명합니다. 앞으로의 시간은 자신만을 위한 안정이 아니라, 더 나은 노동환경과 후배 세대를 위한 조력에 쓰고 싶다는 것입니다. 특히 'AI노무사' 시스템을 더 발전시켜 중소기업과 영세 사업장에서도 손쉽게 활용할 수 있는 국가적 수준의 서비스로 확산시키고 싶어 합니다.

그의 비전은 노동문제를 잘 몰라 억울함을 겪는 사람, 복잡한 법과 절차 앞에서 막막해하는 소상공인, 인력과 정보가 부족해 늘 불안한 중소기업 현장에 실질적인 도움을 주는 것. 그것이 그가 꿈꾸는 디지털 노동행정의 모습입니다.

동시에 그는 후배들의 멘토가 되고자 합니다. 자신이 걸어온 길에서 얻은 시행착오와 통찰을 다음 세대와 나누는 일이야말로 남은 시간의 중요한 사명이라고 생각합니다. 그는 말합니다. 공직의 경험은 은퇴로 끝나는 것이 아니라, 사회로 다시 환원될 때 비로소 완성된다고.

10장. 그를 끝까지 지켜온 세 가지, 정직 · 헌신 · 감사

최상률 대표가 삶에서 가장 중요하게 여기는 세 가지 가치는 명확합니다. 정직, 헌신, 감사. 그는 이 세 단어를 단순한 덕목이 아니라 삶을 떠받치는 기둥처럼 여깁니다.

정직은 스스로에게 부끄럽지 않기 위한 기준입니다. 누가 보든 보지 않든, 맡은 자리에서 공정하고 바르게 행동하는 것. 헌신은 자신의 역할을 끝까지 감당하는 태도입니다. 자리를 위한 계산이 아니라, 맡겨진 책임을 다하려는 성실한 자세입니다. 감사는 그 모든 시간을 가능하게 한 사람들과 삶의 조건을 잊지 않는 마음입니다.

그는 성공의 속도보다 어떤 가치를 지키며 걸어왔는지가 더 중요하다고 말합니다. 빠르게 올라가는 것보다 흔들리지 않는 것이 중요하고, 눈에 보이는 성과보다 스스로의 기준을 잃지 않는 것이 더 오래 남는다는 뜻입니다.

에필로그

최상률 대표의 인생은 책임으로 시작해 헌신으로 이어지고, 감사로 완성되어 가는 길이었습니다. 어린 시절의 가난과 결핍은 그를 무너뜨리지 않았고, 오히려 사람의 삶을 이해하는 깊은 감수성과 흔들리지 않는 원칙의식을 심어 주었습니다. 그는 40여 년 동안 노동행정의 최전선에서 수많은 제도와 정책을 다루었지만, 늘 판단의 중심에는 사람이 있었습니다.

퇴임 이후에도 그는 멈추지 않았습니다. 공직의 경험을 디지털 기술과 접목하여 'AI노무사'라는 새로운 길을 개척한 것은 단순한 기술 혁신이 아니라, 평생 지켜 온 철학의 자연스러운 연장이었습니다. 제도도 기술도 결국 사람을 위한 것이어야 한다는 믿음이 그를 다시 움직였습니다. 현장의 다양성과 데이터의 객관성이 만날 때, 보다 공정하고 따뜻한 사회가 가능하다는 것이 그의 확신입니다.

강원 산골의 소년에서 출발해 행정가, 혁신가, 멘토로 이어진 최상률 대표의 여정은 우리에게 한 가지 분명한 사실을 일깨워 줍니다.

시대는 변해도, 사람을 향한 행정의 본질은 변하지 않는다는 것. 그리고 진정한 리더란, 현장에서 시대를 읽고 사람의 마음을 품는 사람이라는 것입니다.

최상률 대표의 성공 철학

항목	내용
1. 성공 요인	가난과 결핍 속에서 체득한 책임감과 절제, 디지털 혁신의 통찰력 홀어머니의 헌신에서 배운 근면·성실·감사, 40년 공직 경험
2. 핵심 노하우	현장에서 답을 찾는 실천형 사고 원칙과 인간적 이해를 갖춘 균형감각 AI노무사 개발로 이어진 미래 대응력
3. 원칙과 습관	작은 약속도 반드시 지키는 원칙주의, 공공성과 책임을 우선하는 자세
4. 성장 배경	강원도 삼척 산골 7남매 중 여섯째 인문학 선택 후 사람·사회 이해 어린시절 부친상 이후 생계 책임 경험
5. 성공 분야	고용노동부 인사·감사·근로감독·산업안전 등 핵심업무 수행 국무총리실 암행감찰 등 공직 핵심 역할, AI노무사 플랫폼 개발
6. Insight	제도의 본질은 사람에 있다. 현장이 곧 정책의 출발점이다. 성공은 자리보다 태도에 있다. 공직경험은 사회 환원으로 완성
7. 성현/명사	민심은 곧 천심이다 – 맹자 정치는 백성을 편안하게 하는 것이다 – 공자

노무법인 최상인업

The Best Inup Labor Corporation

프롤로그

화려하고 거창하게 출발하는 삶이 세상에 몇이나 될까요? 오히려 가장 보잘 것없는 일, 누구도 거들떠보지 않는 것에서 위대한 이야기는 시작됩니다. 우리가 발 딛고 사는 땅과 환경에 깊은 애정을 가졌던 최희철 대표는 자신의  삶을 '작고 사소한 곳'에서 시작된 것으로 회상합니다.

“저는 스스로를 구원 투수라 여겼습니다. 아무리 사소한 일이라도 마무리는 제 손으로 해야 한다는 주인 의식을 가졌죠. 바로 그 작은 마음이 지금의 저를 만들었습니다.”

가난한 농부의 아들이 친환경 토지 복원 기술의 개척자가 되고, 나아가 사람의 몸과 마음까지 치유하는 기업인으로 서기까지. 그의 삶은 숭고한 신앙과 겸손한 진심이 어떻게 성공을 빚어내는지를 보여주는 깊고 넓은 길과 같습니다.

1장. 두메산골 소년, 고요함 속에서 자라다

전기도 들어오지 않던 전남 해남의 두메산골, 그는 가난한 농부의 아들로 태어났습니다. 말수가 적고 사색을 좋아했던 소년은 혼자 책을 읽고 생각하는 시간이 많았습니다.

“지독하게 가난했지만 우리 집만의 일도 아니었으니 가난을 느낄 겨를도 없었어요. 제가 태어난 해남은 자연이 참 아름다운 곳이라 친구들과 산과 들로 놀러 다니며 자랐습니다. 글을 알고 읽게 된 후부턴 책에 더욱 빠졌어요. 새 책은커녕 형이나 선배가 깨끗하게 보고 물려주는 헌책이라도 하나 얻으면 그날은 세상을 다 가진 날이 되었죠. 낮에는 볕 잘 드는 툇마루에 앉아 읽고, 밤에는 초롱불 하나 켜두고 책을 읽으니 부모님은 그 모습이 기특하셨나 봅니다. 항상 예쁘다, 귀하다, 하시며 저를 존중해 주셨어요.”

형편이 어려워도 아낌없는 사랑과 존중을 보여주셨던 부모님의 품 안에서, 그는 '성실과 절제'라는 삶의 가장 중요한 가치를 배웠습니다. 그 따뜻한 사랑이야말로 그의 인격이 자라난 가장 비옥한 토양이었습니다.

2장. 똑똑한 친구보다, 묵묵한 친구

학창 시절, 그는 중요한 깨달음 하나를 얻습니다. 빛나는 상장으로 주목받던 친구들보다, 눈에 띄지 않게 조용하고 성실했던 친구들이 결국 사회에서 더 큰 신뢰를 얻는 모습을 본 것입니다.

“저는 저보다 공부 잘하는 친구들을 관찰하고 배우려는 자세가 남달랐어요. 1등을 놓치지 않는 친구와 함께 등교하고, 특기가 많아 대회만 나갔다 하면 상을 받아오는 친구와도 친하게 지냈죠. 지나고 보니 이 친구들도 제 나름의 꿈을 이루며 잘 살고 있는데, 사회는 결국 조용하고 성실한 사람을 필요로 하더군요. 공부는 중간 정도 했지만 고장 난 기계를 들여다보고 고치는 걸 좋아하던 친구가 있었어요. 끈기와 재주를 살린 그 친구는 현재 유명한 자동차 부품업체의 기술자문으로 활약 중입니다. 후배들도 많이 이끌어주고 사회에 베푸는 그 친구를 보면서 소리 없이 강한 성실함의 힘을 느끼게 됩니다.”

묵묵히 자신의 길을 걸어가는 사람이 더 큰 기회를 얻는다는 이 진리는, 그의 평생 경영 철학의 주춧돌이 되었습니다.

3장. "성공의 가속도는 작은 일에 충성할 때 생깁니다"

그는 일의 크기를 따지지 않는 사람으로 유명합니다. 수십만 원짜리 작은 일에도 최선을 다했고, 그 최선들이 쌓여 수십억 원 규모의 프로젝트로 이어졌습니다.

"업체를 방문하기 전에 반드시 의견서를 전달했습니다. 제가 이익을 보는 것도 중요하지만 상대방의 입장에서 더 유리한 방향을 먼저 고민하고 가감 없이 전달했어요. 업체에서 놓칠 법한 사소한 항목들까지 챙겨드리자 만족도가 높아졌고, 그것이 곧 신뢰로 이어졌습니다."

무엇이든 최후의 성패를 가르는 것은 결국 '한 끗'의 차이였습니다. 사소한 것까지 점검하는 그의 섬세함은, '최희철'이라는 이름 석 자에 '신뢰'라는 값을 매겼습니다.

4장. 사소한 일일수록 정성을 다하라

사업을 하며 수억 원의 돈을 잃는 실패도 겪었습니다. 절망의 수렁에 빠져 몸져누웠던 어느 날, 그는 세상 가장 평범한 것에서 새로운 진리를 얻었습니다.

"중견 기업에게 받은 투자금 전액을 날린 적이 있습니다. 손실이 확정된 다음 며칠간 몸져누웠어요. 모든 스트레스를 온몸으로 견뎌내는 과정이었는지 맛이 느껴지지 않았고 누가 몸을 두드리는 것처럼 아팠습니다. 열흘 가까이 앓고 난 후 아침에 눈을 딱 떴는데 바로 어젯밤과 몸 상태가 다르다는 걸 느꼈어요. 당장 일어나 물부터 마셔보곤 눈물이 터졌습니다. 물이 이렇게 맛있는 거였구나, 맛이 느껴지면서 모든 것에 감사했습니다. 몇 번 돈을 잃었다고 사업에 실패한 것도 아니고 인생이 끝난 것도 아니라는 진리를 깨달았어요. 다시 시작할 수 있다는 용기가 생긴 거죠."

물처럼 흔한 것에서 깊은 감동을 느낀 그날 이후, 그는 사소하고 작은 일일수록 더욱 정성을 다해야 한다는 것을 배웠습니다. 그에게 실패는 끝이 아닌, 감사를 배우는 또 다른 기회였습니다.

5장. '주인 의식'이 오너를 만든다

한창 일을 해야 했던 청년 시절, 그는 회사에 일이 없어도 무조건 출근하는 직원이었습니다. 스스로 일을 만들어서라도 했고, 그 성실함이 마침내 그를 '사장'이라는 자리로 이끌었습니다.

"언젠가 '월급 노예'라는 말을 듣고 재밌다고 생각했어요. 이 사회를 살아가는 사람들한테 월급의 가치가 그만큼 크다는 걸 보여주는 단어일 테고, 대부분 남 밑에서 일하며 받는 돈이니 그렇게 생각할 수 있죠. 근데 조금만 생각을 바꾸면 오히려 마음이 편해지고 일의 능률도 훨씬 올라갈 거예요. 회사 일을 남 일이 아닌, 내 일처럼 해보세요. 간혹 저처럼 '오늘의 사원'이 '내일의 사장'으로 올라가는 경우가 있죠. 대부분 회사 일을 내 일로 생각하는, 주인 의식이 있는 사람들이라고 감히 말하고 싶습니다."

'월급 노예'가 아닌 '오늘의 주인'으로 일했던 그의 태도는, 수많은 실패에도 불구하고 다시 일어설 수 있는 가장 강력한 심리적 자본이었습니다.

6장. 땅을 살리고, 사람을 살리다

현재 그는 친환경 토양복원 기업을 운영하는 동시에 한의학적 침술로 사람을 살리는 일에도 헌신하고 있습니다. 전혀 다른 두 분야처럼 보이지만, 그에게는 하나의 길입니다.

"토양복원은 오염된 땅을 정화하고 생명이 자랄 수 있는 환경으로 되돌리는 일입니다. 이 과정에서 자연이 가진 치유력을 깊이 체감했죠. 그리고 사람의 몸도 자연처럼 스스로 회복할 수 있다는 깨달음이, 저를 침술로 이끌었습니다.”

뇌출혈로 반신불수가 된 환자가 침 치료 후 눈에 띄게 호전되는 모습을 직접 목격한 순간, 그는 이 길이 자신이 가야 할 또 하나의 사명임을 확신하게 되었습니다. 땅을 살리는 기술과 사람을 살리는 의술은, 결국 ‘생명을 살린다’라는 하나의 가치로 이어져 있었습니다.

7장. ‘신령골’에서 꾸는 노년의 꿈

어느덧 지천명을 넘긴 그는 소박하고 분명한 노년의 꿈을 이야기합니다.

“고향으로 내려갈 생각입니다. 어린 시절의 추억이 깃든 ‘신령골’ 계곡을 벗 삼아 자연과 함께 살면서 아픈 사람들을 침술로 돌보고 싶어요. 하나님께 받은 은혜를 해외 선교와 봉사를 통해 나누는 삶도 계획하고 있습니다. 다른 이들의 말을 너그럽게 잘 들어주는 나이가 예순이라잖아요. 나이에 걸맞게, 잘 듣고 제 삶도 나누고 돌보는 삶. 이것이 은퇴 이후의 사명이라고 생각합니다.”

8장. 움켜쥐는 능력보다 나눌 줄 아는 실력

그는 자녀들이 각자의 자리에서 잘 살아가고 있음에 늘 감사하지만, 특히 딸의 한 가지 행동에서 가장 큰 감동과 보람을 느꼈다고 말합니다.

"딸아이가 대학원에서 장학금을 받을 자격이 있었는데, 같은 수업을 듣는 외국인 유학생 친구가 경제적으로 훨씬 더 어렵다는 것을 알게 된 모양입니다. 딸은 조용히 장학금을 포기하고, 그 친구가 받을 수 있도록 양보했습니다. 집에 와서 이걸 말하지도 않았어요. 나중에 교수님을 통해 그 사실을 알고 정말 울컥했습니다."

당시 상황을 딸에게 물으니 "하나님이 채워주시니까 괜찮아요. 난 더 필요하지 않으니까요"라는 담담한 대답이 돌아왔습니다. 그는 주어진 것을 움켜쥐는 것이 능력이 아니라, 기꺼이 나눌 줄 아는 것이 진짜 실력이라는 것을 딸에게서 다시 한번 배웠다고 고백합니다.

9장. 청년들에게 전하는 진심

그는 이 시대의 청년들에게 편안함보다 '성취의 기쁨'을 선택하고, 어떤 일이든 '주인 의식'을 가지라고 당부합니다. 그리고 그의 인생을 지탱해 온 가장 중요한 세 가지 가치를 나눕니다.

"서면 앉고 싶고 앉으면 눕고 싶은 게 사람 마음입니다. 편한 길을 걸으면 성공할 수 없다는 말은 하지 않을게요. 요즘은 자신의 재능을 살려 훨씬 큰 부가가치를 창출해 내는 사람도 많으니까요. 하지만 저는 가급적이면 편안함보단 성취의 기쁨을 선택하라고 당부하려 합니다. 그리고 어떤 일이든 주인 의식을 가지세요. 작은 일에 진심을 다하면, 언젠가 반드시 '큰일'을 해내는 주인공이 될 것입니다."

그는 인생에서 중요한 가치를 찾아가는 과정에도 재미가 있다고 강조합니다. 그가 꼽은 살면서 가장 중요한 세 가지는 첫째 '하나님과의 관계', 둘째는 '이웃 사랑과 봉사', 셋째는 '나라와 공동체에 대한 책임감'입니다.

"『하버드 리더십 수업』이라는 책을 재미있게 읽었습니다. 그 책에 나온 슈바이처가 남긴 말에 밑줄을 긋게 되더군요. '인생의 목적은 남들에게 봉사하고, 다른 사람을 돕겠다는 연민과 의지를 보이는 것이다'라는 말인데 가슴에 확 꽂혔습니다."

나누고 베푸는 현장에 늘 자신을 데려다 놓겠다는 그의 다짐에서, 시대를 초월한 위대한 인격의 향기가 느껴집니다.

10장. 조용한 마무리, 그럼에도 헛되지 않은 시간

인생의 시계가 반년 후 멈춘다는 가정 앞에 그는 "6개월도 꽤

알차게 보낼 수 있겠다”라며 운을 뗐습니다.

 “첫 3개월은 일과 가정의 균형을 맞추며 제 이름으로 남길 수 있는 유산을 정리하겠습니다. 이후 2개월은 가족에 좀 더 집중해야 한다고 생각해요. 함께 여행하고 유품을 정리하며 추억을 나눠야죠. 마지막 한 달은 성경 말씀을 가르치며 아내의 시선이 머무는 가운데 조용히 생을 마무리하고 싶어요.”

 생각만으로도 가슴에 찡한 울림 있다는 최희철 대표. 그의 시계는 마지막 순간까지도 생명력 넘치는 계획과 의미로 가득 차 있습니다.

에필로그

 최희철 대표의 삶은 성공보다 ‘성장’의 역사를 보여주었습니다. 세상을 바꾸겠다는 원대한 꿈보다 매일의 작은 일에 충성하는 태도, 자신을 드러내기보다 세심하게 상대를 배려하는 진심, 말이 아닌 실천으로 신념을 보여주는 인격. 그의 삶은 오늘 우리에게 묻습니다.

 “당신은 지금, 당신 앞에 놓인 사소한 일을 어떻게 대하고 있습니까?”

★ ★ ★ ★ ★

최희철 대표의 성공 철학

항목	내용
1. 성공의 주요 원인	사소한 일에도 주인의식을 갖고 성실하게 임함
2. 핵심 노하우	작은 일에 충성하며, 신뢰를 기반으로 한 관계 중심의 경영
3. 성장 배경	해남 두메 산골 출신, 사색과 조용한 성찰의 유년기
4. 성공 분야	친환경 토양 복원 기술, 토지 생태계 복원 사업
5. 시사점/교훈	성공은 큰일이 아닌 사소한 일에서 시작된다 신앙과 실천이 삶의 기초를 이룬다 주인의식은 결국 주인이 되게 만든다
6. Insight	성공은 거창한 시작이 아니라 작은 일에 깃든 성실과 신뢰에서 비롯된다 자연과 사람을 존중하며 꾸준히 걸어갈 때 진정한 주인의 길이 열린다
7. 성현/명사	작은 선을 쌓지 않으면 큰 덕을 이루지 못한다 – 순자 모두가 위대한 일을 할 수는 없지만, 작은 일을 위대한 사랑으로 할 수 있다 – 마더 테레사

3부

원칙을 세우다

가장 단단한 성공의 주춧돌

프롤로그

한자리를 오래 지켰다는 이유만으로 권위가 생기지는 않습니다. 성실의 시간이 쌓이고, 자신의 일에 대한 한결같은 진심이 더해질 때 비로소 우리는 그 사람에게서 존경의 무게를 느낍니다. 지방 소도시에 의원을 열고 50년 가까이 자신의 사명을 다해온 신경외과 전문의 김봉환 원장. 그는 매 순간을 '연습 없는 실전'이라 여기며 환자를 만났습니다.

"내가 성공자면 세상 사람들 모두가 성공자게요? 저는 그저 하루하루를 조금 더 특별하게, 후회 없이 살면 된다고 생각했을 뿐입니다.”

쑥스러운 듯 자신을 낮췄지만, 매일을 특별한 실전 무대로 만들고자 했던 그의 인생으로 겸허히 들어가 봅니다.

1장. 법성포 소년, 광주에서 꿈을 키우다

“아따, 이 동네서 겁나게 공부 잘하는 봉환이 모르면 섭하제!”

‘영광굴비’의 본고장, 전남 영광군 법성포에서 1남 1녀 중 장남으로 태어난 소년은 어려서부터 학업에 남다른 소질을 보이며 동네의 자랑이 되었습니다.

“영광군을 흔히 ‘사백(四白)의 고장’이라 부릅니다. 쌀과 소금, 목화의 생산량이 많고 겨울엔 눈이 많이 내려서 ‘네 가지 흰 것’이 많다는 뜻이지요. 딴 건 몰라도 밥은 넉넉히 먹을 수 있었어요. 어머니가 차려주시는 따뜻한 밥상에 감사하며 책을 읽고 공부했습니다. 그러다 뒤처지는 친구가 보이면 스스럼없이 집에 데려와 같이 공부하곤 했더니, 동네에서도 ‘공부 1등 봉환이네’로 불렸습니다.”

더 큰 배움을 향한 열망은 그를 광주 유학길로 이끌었고, 이때부터 시작된 독립적인 생활은 그를 학업에 더욱 몰두하게 했습니다.

2장. 법대생의 꿈을 접고, 의사의 길을 걷다

최상위권 성적을 유지하던 그에게 '서울법대' 진학은 당연한 목표였습니다. 하지만 가족들은 그에게 의사의 길을 권유했고, 그는 그 권유를 자신에게 주어진 또 다른 운명으로 받아들였습니다.

"처음에는 '왜 법관이 아닌 의사일까?' 의문이 들었습니다. 요즘은 의사 출신 변호사나 반대의 경우도 종종 보이는데 당시만 해도 이 둘은 접점을 찾을 수 없는, 전혀 다른 진로였거든요. 스스로 이유를 생각해 보고 부모님과 대화도 많이 나눴습니다. 평생을 순박한 이웃들과 함께 살아오신 부모님께는, 법의 심판대보다 아픈 몸을 기댈 수 있는 병원이 더 가깝고 절실한 존재였음을 이내 깨닫게 되었죠. 부모님의 그 속 깊은 마음을 헤아리고 나니, 제 안에서도 사람을 살리는 의사가 되고 싶다는 열망이 뜨겁게 피어올랐습니다."

가족의 바람을 자신의 새로운 꿈으로 승화시킨 그는 의대에 당당히 합격했고, 1979년 신경외과의원을 개원했습니다. 그 후 50여 년, 그는 단 한 번도 그 자리를 떠나지 않았습니다.

3장. "삶은 연습이 없는 실전이다"

그의 인생을 관통하는 단 하나의 철학은 '삶은 연습이 없는 실전'이라는 것입니다. 이 철학은 책상 위 이론이 아닌, 매일 생사가 오가는 수술실과 환자들의 고통 앞에서 온몸으로 체득한 것이었습니다.

"인생에는 리허설이 없습니다. 오늘이라는 장면은 다시 돌아오지 않으니까요. 의사의 단 한 번의 오진, 찰나의 방심은 한 사람의 인생을 송두리째 흔들 수 있습니다. 제 실수가 이 환자에게는 마지막 기회를 앗아가는 것일 수 있다는 생각에, 매 순간 칼날 위를 걷는 심정으로 임했습니다."

지방 소도시의 부족한 의료 환경은 그의 '실전 철학'을 더욱 단단하게 만들었습니다.

"시골의 작은 의원이라 초창기엔 대형 병원의 화려한 장비도 없었고, 실력 있는 의사들과 교류하는 것도 제한적이었습니다. 하지만 환자에게는 병원의 환경이 중요한 게 아니었어요. '살고 싶은 절박한 마음', '하루를 자더라도 편히 자고 싶은 소망'에 응답하는 것, 이것이 환자들이 바라는 진짜 의사의 자세였습니다."

그는 오직 자신의 실력과 책임감에만 의지해야 했습니다. 이를 알아본 타지 환자들도 그의 병원에 오기 시작했고, 때로는 이 병원 저 병원을 떠돌다가 목숨을 거는 심정으로 그를 찾기도 했습니다. 부족한 환경은 그에게 변명이 아닌, 오히려 더욱 강한 책임감을 일깨우는 채찍이 되었습니다.

4장. 여든을 넘기고도 '사는 법'을 묻다

어느덧 여든의 세월을 넘어온 그이지만, 여전히 "어떻게 살아야 하는가"라는 근원적인 질문을 놓지 않습니다. 그에게 '여생(餘生)'은 죽음을 기다리는 시간이 아니라, 마지막까지 살아내야 할 소중한 삶의 한 부분입니다.

"이 정도 나이가 되면 삶보단 죽음을 생각하는 게 더 자연스럽지 않냐고 물을 수 있어요. 그렇지 않습니다. 단 하루가 남았더라도 그것은 '살 일이 남아 있는' 생의 일부입니다. 죽을 날짜를 받아놓은 게 아니지요. 저와의 만남으로 누군가는 삶의 의지를 다질 수도 있고, 저 자신도 끝까지 잘 살고 싶습니다. 그렇기에 다시 오지 않는 이 순간을 더욱 값지고 감사하게 살아야 합니다."

의사로서의 삶을 감사히 여기며 소명을 다하는 그의 모습에서, 삶의 마지막 순간까지 존중하는 깊은 연륜이 느껴집니다.

5장. 가족, 인간미를 가르치다

성공한 의사이자 따뜻한 아버지로서 그가 자녀들에게 항상 강조하는 덕목은 '인간미'입니다. 사회적 성공보다 타인을 이해하고 온기를 나눌 줄 아는 사람이 되기를 진심으로 바랐습니다.

"세대를 불문하고 다들 바쁜 세상이지만 조금씩 여유를 챙기면 좋겠습니다. 내가 존중받고 싶다면 먼저 다른 사람을 존중해야 합니다. 인간으로서의 따스함을 잃지 않는 것도 매우 중요하고요. 이 두 가지만 잘 지켜도 세상 어디서든 필요한 사람으로 살아갈 수 있다고 믿습니다."

세상이 각박해질수록 "사람다운 사람에 대한 그리움이 커진다"라는 그의 말에서, 그가 평생 지켜온 가치를 엿볼 수 있습니다.

6장. 명의의 꿈, 그리고 남겨진 아쉬움

인생의 시계를 거꾸로 돌려 청년 시절로 돌아갈 수 있다면, 그는 "서울 같은 대도시에서 의술을 펼쳐보고 싶었다"라는 솔직한 마음을 드러냅니다.

"순천시가 아무리 국가정원을 중심으로 발전됐다 해도 규모가 작은 도시입니다. 의학 정보가 턱없이 부족하고 느리죠. 신경외과 특성상 골든타임에 민감한 대처가 필요한데 간혹 정보가 부족해서 원인을 제때 파악하지 못하고 큰 후유증이 생기는 경우를 볼 때면 화가 납니다. 가뜩이나 인구 유출이 심각한 지역인데 이런 현상에 내가 일조한 건 아닌지 돌아보게 되고요."

더 큰 무대에서 당대의 실력자들과 교류하며 '명의'로 불리고 싶었던 꿈, 그리고 의학 정보 부족으로 최선의 치료를 해주지

못했을 때의 안타까움이 그의 마음에 남아 있습니다. 하지만 그
는 그 아쉬움에만 머무르지 않습니다. 부족한 환경 속에서도 서
울 연수를 통해 끊임없이 배우고 정진했던 젊은 날의 노력이 있
었기에, 지금의 자신이 있다고 담담히 말합니다.

7장. 소박하지만 절실하게, 나만의 최선으로

치열했던 '실전'의 무대에서 한평생을 보낸 그가 이제는 조용
한 시간을 꿈꿉니다. 그의 소박하지만 가장 절실한 바람은, 건
강을 유지하며 사랑하는 자녀들과 평온한 삶을 누리는 것입니
다. 매 순간이 생사를 가르는 긴장의 연속이었기에, 이제는 가
장 소중한 사람들과 함께하는 일상의 고요함이 그 무엇보다 값
진 보상임을 그는 알고 있습니다. 이는 전투를 마친 장수가 투
구를 벗고 누리는 평화와도 같은, 그가 마땅히 누려야 할 권리
이자 행복입니다.

8장. "이 또한 지나가리라"

삶의 절망에 빠진 이들에게, 그는 "이 또한 지나가리라"라는
오랜 지혜로 위로를 건넵니다. 이 말의 유래가 된 솔로몬 왕의

반지 이야기처럼, 기쁨도 슬픔도 영원하지 않기에 어떤 상황에서도 희망을 잃지 말아야 한다는 것입니다.

"동네 사랑방처럼 50년을 한자리에 있는 의원이다 보니, 간혹 저희를 너무 편하게 생각하시는 환자도 있습니다. 아예 대놓고 '수면제 처방'을 독촉하시며 세상 살기 싫다, 다 내려놓고 갈 수 있게 도와달라 부탁하시기도 해요. 절대 안 된다고 엄하게 호통하면서도 안쓰러운 마음이 들 때가 있습니다. 오죽했으면, 얼마나 힘들었으면 사람 살리는 병원에 와서 죽고 싶다는 하소연을 하실까 싶어 마음이 무거운 거죠. 하지만 우리네 삶이 정체된 듯 보여도 강물처럼 쉬지 않고 흐르고 있기에, 상황은 반드시 바뀝니다. 모든 것은 지나간다는 사실을 기억하고, 절대로 삶을 포기하지 않으면 좋겠습니다."

9장. 인생의 균형을 잡아준 세 개의 버팀목

그는 자신의 80 평생을 흔들림 없이 지탱해 준 세 개의 버팀목이 있다고 말합니다. 첫 번째 버팀목은 '가족의 행복과 안녕'입니다. 이는 모든 노력의 이유이자 최종 목적지였습니다. 두 번째는 '자신의 적성과 이에 맞는 직업'입니다. 의사라는 직업은 생계 수단을 넘어, '삶은 실전'이라는 그의 철학을 실현하는 무대였습니다. 그리고 마지막 세 번째 버팀목은 '존중과 배려가 있는 배우자'입니다.

"간혹 제 아내에게 '의사 남편의 아내'로 편하게 살지 않았느냐고 단정하는 사람들이 있습니다. 전혀 그렇지 않아요. 저는 언제 불릴지 모르는 직업인이라 생각하며 항시 대기하는 삶을 살았습니다. 험난한 인생의 항해에서 서로의 닻이 되어준 동반자가 없었다면 이 모든 것이 불가능했습니다."

세 개의 버팀목이 견고한 균형을 이룬 덕분에, 비로소 인생이라는 집이 바로 설 수 있었다고 그는 고백합니다.

10장. 조용하고 품위 있는 마무리

삶의 마지막 순간이 온다면, 그는 하던 일을 하다 조용히 떠나고 싶다고 말합니다.

"요란할 필요 있나요? 늘 먹던 거 먹고 하던 일 하다 조용히 가는 게 사람 된 도리라고 생각합니다. 다만 한 가지 바람이 있다면, 제 '순정'을 몽땅 바쳤던 아내와 자식들과는 조금이라도 더 많은 시간을 보내는 것입니다."

가족을 향한 애틋한 순정을 말하는 그의 눈에 물기가 채워졌습니다. 그 눈빛과 얼굴에서 한평생을 성실히 살아온 가장의 겸허하고 뜨거운 사랑이 느껴집니다.

에필로그

김봉환 원장의 삶은 화려하진 않았지만 단단했고, 소리 높여 자신을 자랑하지 않았지만 누구보다 진정성이 있었습니다.

"삶에는 리허설이 없다. 무대는 이미 시작됐다."

그의 좌우명은, 비단 한 의사의 것을 넘어 오늘을 살아가는 우리 모두가 가슴에 새겨야 할 인생의 명문입니다.

★ ★ ★ ★ ★
김봉환 원장의 성공 철학

항목	내용
1. 성공 요인	자기 자신과는 타협 없는 삶, 성실함과 신뢰의 누적된 이미지
2. 핵심 노하우	환자 한 사람, 한 사람을 내 가족처럼 대하며 정직하게 진료
3. 자신만의 원칙	약속과 책임은 철저히 지키며, 금전 및 신뢰 관계에서 단 1%의 오차도 허용하지 않음
4. 성장 배경	유년 시절부터 자립심과 공부에 대한 집중력을 길러온 광주 유학생활
5. 성공 분야	지방 신경외과 분야에서 50년 의료, 활동지역사회에서 절대적 신뢰 형성
6. Insight	인생은 실전이다. 진정성은 결국 사람의 마음을 얻는다. 모든 선택은 다시 오지 않기에 지금의 순간에 전력투구해야 한다.
7. 성현/명사	성실은 성공의 근본이면, 신뢰는 사람의 마음을 얻는 열쇠다 – 공자 성공은 위대한 일이 아니라 작은 일들을 정직하게 꾸준히 해내는 데 있다 – 간디

믿음의 길 위에 세운 기업

프롤로그

"인생을 바꾼 단 하나의 계기가 무엇입니까?"

꽤 많은 사람에게 이런 질문을 받을 때마다 김종일 대표는 한 치의 망설임도 없이 "주님과의 만남"이라고 대답합니다. '섬유 가공'이라는 치열한 시장 속에서 연 매출 500억 원의 신화를 쓴 그는, 그럼에도 자신

의 성공이 인간의 노력과 전략만으로 이룬 탑이 아니라고 고백합니다.

그의 기업은 '믿음'이라는 주춧돌 위에 세워져, '원칙'이라는 기둥으로 지탱되고 있습니다. 그 위에 사업의 길을 내어 걷고 있는 김종일 대표의 견고한 얼굴에서, 우리는 보이지 않는 것을 향한 믿음의 위대한 힘을 다시금 발견하게 됩니다.

1장. 가난의 증명, 두 주먹뿐이었던 시절

'땅끝마을' 전라남도 해남의 작은 마을, 그곳에서 김종일 대표의 시간은 시작되었습니다. 모두가 가난을 숙명처럼 여기던 시절이었지만, 그의 집은 유독 더 깊은 그늘 속에 있었습니다. 찢어질 듯한 가난 속에서 소년이 기댈 곳은 오직 자신의 맨주먹뿐이었지요.

"어린 시절을 떠올리면 밥만 겨우 먹고 살았던 기억이 납니다. 다들 어려웠지만 그땐 왜 그렇게 제가 처한 환경이 더 열악하고 아프게만 느껴졌는지 모르겠어요. 농사를 크게 짓는 부모님 밑에서 아무 걱정 없이 학교 다니며 공부만 하던 친구가 있었는데, 이 친구를 학창 시절 내내 부러워했습니다. 친구는 때마다 저희 집에 들러 과일이나 양곡, 학용품을 나눠줬어요. 이 다음에 커서 나도 친구처럼 넉넉한 인심을 발휘하며 '나눠주는 사람'이 되겠다고 결심했습니다."

이 시절의 절박함이 김종일 대표에게는 훗날 삶을 개척할 가장 강력한 DNA가 된 것입니다. 가진 것 하나 없이 서울로 향한 그의 두 주먹은, 그의 전 재산이자 미래를 위한 가장 단단한 무기가 되었습니다.

2장. 인생의 모든 질문이 사라지던 순간

생존과 성장의 갈림길에서 사업은 매일같이 그에게 방향을 물었습니다. 한 치 앞을 내다볼 수 없는 현실의 안갯속에서, 그는 거래명세를 빼곡히 정리하며 불안한 밤을 지새우기도 했습니다. 그러던 어느 날, 아버지의 부재는 삶의 기둥 하나를 무너뜨렸고, 거대한 공허함 속에서 그는 처음으로 무릎을 꿇었습니다.

"하나님, 어디로 가야 합니까? 저 좀 도와주세요."

어둠 속에서 터져 나온 간절한 부르짖음이 마침내 하늘에 닿았던 것일까요? 기도의 자리에서 하나님의 은혜를 체험한 후, 그의 삶은 새로운 물길을 내기 시작했습니다. 중요한 사업의 전환점에서 인연의 소중함을 경험했고, 세상의 어떤 논리로도 설명할 수 없는 평안이 마음에 깃들었습니다. 마틴 루터 킹 목사가 "믿음은 계단 전체가 보이지 않아도 첫발을 내딛는 것"이라고 말했던 것처럼, 김 대표에게 그날의 기도는 보이지 않는 계단을 향한 첫걸음이었습니다. 이제 그는 위기와 선택의 순간마다 성경과 기도에서 가장 확실한 답을 찾고 있습니다. 그에게 신앙은 단순한 위안이 아닌, 가장 날카로운 전략이자 결코 흔들리지 않는 경영 철학입니다.

3장. 새로운 땅, 베트남의 기적

1990년대 초, 대한민국 섬유업계는 공급 과잉과 단가 경쟁의 늪에서 서서히 활력을 잃어가고 있었습니다. 연 매출 6천만 원의 작은 기업을 이끌던 그에게도 이대로는 내일이 없다는 위기감이 파도처럼 밀려왔습니다.

새로운 활로를 찾기 위해 날카롭게 벼려낸 그의 시선은, 전쟁의 상흔을 딛고 개방의 문을 열던 땅, '베트남'에 닿았습니다. 낮은 인건비와 무한한 성장 가능성이 혼재된 미지의 땅. 대부분의 경영자가 주저하던 그곳에, 그는 주저 없이 미래를 던졌습니다. 그의 과감한 도전에 베트남 정부는 세금 면제, 부지 무상 제공 등의 파격적인 혜택으로 화답했습니다.

그러나 그는 단순히 비용을 절감하기 위해 국경을 넘은 것이 아니었습니다. 그는 세계 시장의 흐름을 먼저 읽고, 호치민과 하노이에서 생산한 고급 제품을 인도네시아와 뉴욕 시장에 정확한 타이밍에 공급하는 '시간차 전략'으로 시장을 선점했습니다.

"친분이 있던 업체 대표들과 호치민까지 가서 베트남 진출과 사업 전망을 알아봤습니다. 다들 관심은 많았지만, 신흥 국가에 대한 의심도 만만치 않았어요. 이들이 주저할 때 저는 기회를 만들었고, 이 전략은 정확히 적중했습니다." 그는 당시의 긴박했던 상황을 이렇게 회상합니다.

훗날 피터 드러커의 책에서 '미래를 예측하는 가장 좋은 방법은 미래를 창조하는 것'이라는 구절을 읽고 자신의 선택이 옳았음을 한 번 더 확신했다는 김종일 대표. 누구도 가지 않은 길에 첫발을 내딛는 것이 두렵지 않았냐는 질문에, 그는 모든 것이 "하나님의 은혜"였다며 겸허히 미소 짓습니다.

4장. 무슨 일이 있어도 지켜야 할 약속, 월급날

"기업의 성장보다 중요한 것은 사람과의 신뢰를 지키는 일입니다."

김종일 대표의 경영 원칙은 언제나 '사람'을 향합니다. 창립 이래 직원들의 급여는 단 하루도 밀린 적이 없으며, 순이익의 절반은 반드시 직원들과 나누는 것을 철칙으로 삼았습니다. 일부 핵심 임원에게는 500%가 넘는 배당으로 그의 믿음에 보답하기도 했습니다.

그의 원칙은 회사 울타리를 넘어 가정에서도 굳건했습니다.

아무리 바빠도 2년에 한 번은 가족 여행길에 올랐고, 명절 모임은 빠짐없이 참석하며 남편과 아빠로서의 자리를 지켰습니다. 일터와 가정, 양쪽에서 신뢰의 씨앗을 뿌린 것입니다.

5장. 간장 종지에는 미래를 담을 수 없다

사업이 궤도에 오르자, 김종일 대표는 이르다 싶을 만큼 자녀에게 빨리 가업을 물려주었습니다. 그가 진정으로 물려주고자 한 것은 돈이나 자리가 아닌, 삶의 자세와 품성이었습니다. 자녀의 승계 문제에 대한 그의 철학은 확고했습니다.

"제 아들이라는 이유만으로 사업을 승계하고 싶지 않았습니다. 10~15년 차 이상 경력직 직원들에게 직접 배우고 경영자의 철학과 인성을 갖추도록 마인드 세팅을 지시했더니 묵묵히 따라주었습니다. 기업가의 그릇이 간장 종지만 하다면, 아무리 많은 자본을 쏟아부어도 흘러넘칠 뿐입니다. 아들의 그릇이 커질 때까지 함께 노력해 준 직원들에게도 진심으로 감사합니다."

그는 자녀들에게 '자랑할 수 있는 돈을 벌라'라는 가르침과 함께, 더 큰 꿈을 담을 수 있는 넓고 깊은 그릇이 될 것을 당부했습니다.

6장. 나의 마지막 사업은 내 고향, 해남입니다

수십 년간 거친 글로벌 시장의 파도를 헤쳐온 그의 마음에 '지속 가능성'과 '지역 기여'라는 새로운 화두가 자리 잡기 시작했습니다. 인건비 상승과 소비 채널의 격변 속에서 사업의 본질을 고민하던 그의 시선은 마침내 시작의 땅, 해남으로 향했습니다.

"해남에는 김, 전복, 고구마 같은 보물이 넘쳐나지만, 가공 인프라가 없어 원재료로만 팔리고 있습니다. 차고 넘치는 원재료에 비해 시장에 내놓을 완성품은 부족하다는 것이 현실이지요."

그의 목소리에는 고향에 대한 깊은 애정과 안타까움이 묻어납니다. 이제 그는 섬유산업에서 쌓은 모든 노하우를 쏟아부어, 해남의 특산물을 가공하고 유통하는 새로운 사업을 구상 중입니다. 이는 단순한 사업 전환이 아닌, 지역과 상생하고 자녀에게 자랑스러운 가업을 물려주기 위한 아름다운 회귀입니다.

사업 확장보다 더욱 근본적으로 지역에 기여할 방법을 모색하던 그는 지역인재 육성을 위한 장학 사업도 진행하고 있습니다. 자신의 고향 해남에 자리를 잡고 지역사회를 이끌어갈 원동력이 해남공업고등학교 학생들이라는 생각에 2010년부터 장학금을 지급해 왔습니다.

"IMF 외환위기 때 사무직 직원들은 대거 구조조정됐는데, 기술직 직원들은 살아남는 것을 봤습니다. 기술만 배워 놓아도 명문대 졸업자 못지않게 경력을 이어갈 수 있다는 것을 그때 확인했어요.

해남공고 학생들이 앞으로 지역을 대표하는 기업인과 기술자들이 될 수 있도록 사업을 하는 동안에는 계속 지원할 계획입니다."

그동안 장학금을 받은 학생들이 김 대표에게 감사 편지를 보내고, 해남공고 출신 학생들이 그의 기업에 취직을 하는 등 아름다운 인연은 계속되고 있습니다. 정직하게 땀 흘려 돈을 벌고 이를 다시 사회와 나누는 것, 그에게 이보다 더 가치 있는 일은 없다고 합니다.

7장. 믿고, 땀 흘리고, 행동하라

"믿음만으로는 부족합니다. 믿고, 땀 흘리고, 행동해야 합니다. 실천이 없는 신앙은 공허한 외침일 뿐입니다."

김종일 대표는 신앙이 삶 속에서 구체적인 행동으로 증명될 때 비로소 변화가 시작된다고 믿습니다. 그에게 성경은 책장에 꽂아두는 경전이 아니라, 매일의 삶에서 펼쳐봐야 할 실천의 지침서입니다.

"아무리 바빠도 매일 30분은 신앙인으로서 가장 조용한 자리를 찾아 성경을 읽고 기도를 올립니다. 기업의 대표로서 무엇을, 어떻게 결정할지 답을 얻기 위해서라도 꼭 필요한 저만의 루틴입니다. 의지할 수 있는 존재가 있다는 것은 든든하고 행복한 일이에요. 많은 분이 이 행복을 발견하시면 좋겠습니다."

8장. 내 삶을 지탱해 온 세 가지 기둥

인생에서 가장 소중한 것이 무엇이냐는 물음에, 그는 잠시의 망설임도 없이 삶을 지탱해온 세 가지 기둥을 이야기합니다.

"첫 번째는 '만남의 복'입니다. 누구와 함께하느냐에 따라 삶의 빛깔이 결정된다는 것을 깨달았습니다. 이때까지의 모든 만남에는 저를 낳고 기르신 '부모님의 은혜'가 있지요. 그러니 저는 세상에 완전한 자수성가는 없다고 생각해요. 그리고 이 모든 복과 은혜의 기준점이자 삶의 목적이 되는 마지막 한 가지는 바로 '하나님의 말씀'입니다."

어느 때보다 반짝이는 눈동자로 힘주어 말하는 그의 얼굴에서, 인생 전체를 관통하는 깊은 신념을 볼 수 있습니다.

9장. 후회 없는 삶, 평안한 마무리

"지금까지의 삶을 단 한 순간도 후회하지 않습니다."

그의 목소리에는 흔들림 없는 평안이 담겨 있습니다. 만약 삶의 마지막 순간을 선고받는다면, 더 깊은 신앙 안에서 마지막까지 주님을 전하고 믿음의 가치를 나누는 데 남은 시간을 온전히 사용하고 싶다고 고백합니다. 그의 삶은 시작부터 마지막까지 단 하나의 방향을 향하고 있는 것입니다.

10장. 공장보다 큰 유산, '믿음의 원칙'을 남기다

김종일 대표의 마지막 장은 '확장'이 아니라 '정리'에서 시작됩니다. 그는 숫자 대신 원칙의 장부를 펼칩니다.

"내가 떠나도 회사가 흔들리지 않게, 고향 해남이 스스로 서게, 다음 세대가 바르게 설 수 있게."

그가 남기려는 것은 공장이나 계좌가 아니라 믿음 위에 세운 질서입니다.

1) 유산의 방향 : 신앙 → 사람 → 시스템 → 자산

- 신앙 : 의사 결정의 첫 페이지는 언제나 말씀과 기도로 연다.
- 사람 : 급여·복지·안전은 '비용'이 아니라 '신뢰의 이자'.
- 시스템 : 사람을 믿되, 재무·품질·안전은 데이터로 통제한다.
- 자산 : 부동산·설비보다 브랜드와 평판이 먼저다. "평판이 자산의 이력을 결정한다."

2) 해남 프로젝트 로드맵(3단계)

- 1단계 가공 인프라 : 김·전복·고구마 중심 HACCP 가공센터 구축, 산지 집적·냉장·냉동 체인 표준화.
- 2단계 브랜드화 : '해남에서 세계로' 단일 브랜드, 원재료 코드화 · 원산지 블록체인 추적.
- 3단계 글로벌 판로 : 동남아/뉴욕 동시 론칭 — 섬유 시절의

시간차 전략을 식품 유통에 이식한다.

- "원재료의 고향을 완제품의 고향으로 바꾸는 것이 나의 마지막 사업입니다."

3) 회사가 지킬 5가지 경영 원칙

① 월급날 불가침 : 현금흐름 위기 시에도 급여·4대 보험·안전 투자는 순위 1번.

② 순이익 나눔 규칙 : 이익의 일정 비율을 직원 배분·장학·지역 공익에 자동 귀속.

③ 현장 우선 : 주 1회 경영진 '현장 라운드' 의무화, 데이터와 체감의 교차검증.

④ 품질 결재선 : 출하 최종 버튼은 영업이 아니라 품질 책임자가 누른다.

⑤ 투명 재무 : 월간 리포트 공개, 분기 외부 점검 – 신뢰는 숫자의 언어로도 말해야 한다.

4) 매일의 루틴 5가지(대표의 일기에서)

- 말씀 1장·기도 10분 : 오늘의 기준을 마음에 새긴다.

- 감사 노트 3줄 : 마음의 온도를 지키는 최소 단위.

- 현장 체크리스트 : 안전·청결·품질 3칸을 매일 직접 확인.

- 멘토링 1회 : 팀장 한 명과 20분 대화 – 사람을 잃지 않는 법.

- 퇴근 전 '양심 점검' : 내가 옳고 그름을 구분했는가, 급한 일로

중요한 일을 미루지 않았는가.

5) 다음 세대에게 보내는 7문장

① 믿음이 기준이 되면, 선택은 단순해진다.

② 정직은 전략이다 – 장기전에서 거짓은 가장 큰 대가를 치른다.

③ 현장에 답이 있다 – 책상은 결론을 쓰는 곳, 답을 찾는 곳은
아니다.

④ 사람을 먼저 – 고객의 불편을 먼저 없애면 매출은 따라온다.

⑤ 작게 이기고 크게 남겨라 – 한 번의 대박보다 백 번의 소박한
승리.

⑥ 부는 흘려보낼 때 선해진다 – 흐르지 않는 돈은 금세 탁해진다.

⑦ 기쁨의 기준을 바꾸라 – 더 갖는 기쁨에서, 더 나누는 기쁨으로.

6) 나의 마지막 보고서

"베트남에서 배운 시간차, 본국에서 다진 품질, 가정에서 지킨
신뢰를 하나로 묶어 해남에서 마무리합니다. 기업은 커졌고, 나
는 작은 사람으로 남겠습니다. 하나님께 영광, 사람에게 신뢰,
지역에 유익 – 이 세 줄이면 제 인생 결산은 충분합니다."

그는 미소 짓는다. 공장 굴뚝보다 더 높이 올라간 감사의 기둥,
장부보다 더 오래 남을 말씀의 장. 마지막으로 그는 조용히 덧붙
인다.

"나는 내 힘으로 여기까지 오지 않았습니다. 보이지 않는 손에

이끌려 계단을 올랐을 뿐. 이제 남은 계단은 다음 세대가 오르도록, 난 난간을 단단히 남기고 가겠습니다."

에필로그

김종일 대표의 삶을 관통하는 철학은 명료하고 단단합니다.

급여와 세금은 절대 미루면 안 된다는 것.

그릇이 커져야 더 큰 은혜도 담긴다는 것.

자녀에게는 믿고 맡기되, 기도로 응원한다는 것.

절박한 현실 속에서도 원칙을 지키고, 차가운 비즈니스의 세계에 따뜻한 리더십을 심은 사람. 그의 간절한 믿음은 세상 가장 확실한 날개가 되어, 그 누구도 가보지 못한 높은 곳으로 그를 날아오르게 했습니다. 모든 것이 누군가의 '덕분에' 가능했다며 감사를 전하는 그에게, 앞으로 또 어떤 감사의 기적이 기다리고 있을까요? 그의 다음 걸음을 기쁜 마음으로 응원해 봅니다.

★★★★★

김종일 대표의 성공 철학

항목	내용
1. 성공의 주요 요인	인생을 관통하는 신념과 신앙적 전환점
2. 핵심 노하우	시대 흐름을 읽는 감각, 사람 중심의 경영, 기도와 말씀에 의지한 판단
3. 원칙과 습관	급여와 배당의 철저한 약속 이행, 가정의 소중함, 일과 휴식의 균형
4. 성장 배경	가난한 배경을 딛고 자립, 부모님의 헌신에 대한 감사
5. 성공 분야	섬유 가공 및 글로벌 시장 진출(베트남 등 6개국)
6. Insight	복은 준비된 자에게 오며, 인성과 나눔이 장기적 성공의 열쇠다. 믿음과 실천이 조화를 이루어야 진정한 부를 이룰 수 있다.
7. 성현/명사	진정한 전환은 신념과 즐거움 속에서 완성된다(知之者 好之者, 好之者 樂之者) – 공자 믿음은 계단 전체가 보이지 않아도 첫 걸음으 내딛는 것이다 – 마틴 루터 킹

태어날 땐 울었지만, 떠날 때는 웃으며

프롤로그

뻘밭이 보이는 가난한 산골 마을.  자식들을 연달아 앞세우고, 죽은 듯 살아가는 부모의 한숨 아래 한 소년 이 자라고 있었습니다. 가난이 결코 개인의 잘못이 아님을 뼈저리게 느낀 소년은, 돈을 벌어 효도하고 이웃을 돕겠다는 꿈을 품었습니다. 머슴 살던 형의 눈물 젖은 주먹밥과 너무 일찍 세상을 뜬 어머니를 떠올리며 한 발짝씩 꿈에 다가갔던 소년 박원균. 그에게 가난은 좌절이 아닌, 평생을 이끌어준 의지의 불씨였습니다. 꿈을 품고 달성하는 모든 과정에 '간절함'을 새겨 넣고 성공에 이른 그가 이제는 누군가의 꿈이 되는 이야기, 지금 시작합니다.

1장. 생존이 위태로웠던 소작농의 아들

1960년 전남 고흥, 2남 2녀 중 막내로 태어난 그의 세상은 늘 배고팠습니다. 농촌에 땅 한 뼘이 없었던 그의 부모님은 남의 땅을 빌려 농사짓는 소작농으로, 늘 바쁘게 사느라 여념이 없었습니다.

"시골에서 농사지을 내 땅이 없다는 건 여느 가난함과는 차원이 다른, 생존이 위협받는 문제였습니다. 땅을 빌려 농사짓는 것도 농번기 한철뿐이지, 겨울이면 굶기 일쑤였죠. 어머니는 매일같이 새벽에 나가 밤늦게 들어오셨고, 세상 물정에 어두웠던 삼대독자 아버지는 열심히 일하고도 품삯 한푼 못 받고 돌아오는 날이 부지기수였습니다. 단칸방에 모두 누웠는데 저희 형제가 잠든 줄 알고 두 분이 신세 한탄을 하며 우시는 소리가 종종 들리곤 했어요. 하루는 숨죽여 그 소리를 듣다가 저도 모르게 눈물이 터져버려 부모님과 부둥켜안고 울었던 기억도 납니다."

2장. 별이 된 형제들, 형이 건네던 눈물의 주먹밥

그의 삶에 가장 큰 울림을 준 사람은 네 살 터울의 형이었습니다. 국민학교를 갓 졸업한 형은 집안의 입을 하나라도 줄이고 동생의 학비를 벌기 위해 남의 집 머슴살이를 시작했습니다.

"저희 형제가 사실은 넷이 아니라 일곱 명이었습니다. 어린 시절 제 위로 형님이 셋이나 있었는데 모두 돌아가셨어요. 부모님의 농사일을 돕던 큰형님은 농약에 장시간 노출되어 갑작스레 사망했고, 다른 형님들은 아픈데 돈이 없어서 손 한번 못 써보고 세상을 떠났습니다. 그런 와중에 저보다 네 살 많은 바로 위 형은 저를 끔찍이도 아껴줬어요. 머슴살이하고 받은 주먹밥을 그대로 들고 와 한밤중에 자는 저를 깨워 건네곤 했습니다. 허겁지겁 먹는 저를 흐뭇하게 바라보며, '넌 어떻게든 공부시킬 테니 걱정 말라' 했죠. 저의 학비와 희망은, 형의 그 눈물 젖은 주먹밥에서 비롯된 것이었습니다."

동생을 위해 숭고한 희생을 마다하지 않았던 형님의 바람과 달리, 집안에 드리운 가난의 그림자는 짙어졌습니다. 교실 칠판에는 육성회비 540원을 못 낸 미납자 이름으로 '박원균'이라는 세 글자가 끝까지 남아있었고, 그가 어머니께 차마 말하지 못하고 소풍을 포기했을 땐, 친구들이 십시일반으로 돈을 모아 함께 가기도 했습니다.

3장. 서울로 향한 열여섯 소년의 세 가지 약속

중학교 졸업 후, 더 이상 가족에게 짐이 되고 싶지 않았던 그는 형의 만류에도 불구하고 진학을 포기했습니다. 자신을 위해 희생한 부모님과 형님에게 하루빨리 은혜를 갚고 싶었던 그는 이때 큰 결심을 하고 서울로 갈 채비를 마쳤습니다. '부모님께 반드시 효도할 것', '마음껏 과자를 사 먹을 수 있을 만큼 돈을 벌 것', '나처럼 어려운 청소년을 도울 것'이라는 인생 목표 세 가지를 다짐했습니다.

"좋아하는 과자를 원 없이 먹어보는 게 소원이었습니다. 중학교 땐 과자 하나 사 먹을 돈이 없어서 정문 앞 과자 가게를 외면하려고 후문으로 돌아서 다녔어요. 중학교 졸업식 날, 그 가게 앞에 서서 다짐했습니다. '돈 많이 벌어서 꼭 다시 와야지, 그땐 여기서 먹고 싶은 과자를 모두 사야지' 생각하며 주먹을 쥐었습니다."

소년은 혼자 감당하기엔 무거운 세 가지 목표를 가슴에 품고, 무작정 서울행 버스에 몸을 실었습니다.

4장. 아, 어머니! 17일 만의 비보

스페인의 시인 안토니오 마차도(Antonio Machado)의 말처럼 '길이란 걸으면서 만들어지는 것'이었습니다. 그는 버스 옆자리에 앉은 철공소 부장님의 도움으로 서울 서대문의 한 철공소에 취직하게 됩니다.

"서울 가는 버스에 어린애 혼자 앉아 있으니 아저씨 눈엔 이상해 보였나 봅니다. '돈 벌고 싶어 서울 간다'라는 제 말에 '아저씨 회사에서 재워주고 먹여줄 테니 같이 갈래?' 물으시더군요. 원래는 시장통 생선가게에서 일한다는 이종사촌을 찾아가려 했는데, 왠지 이 아저씨가 더 믿음직스러워 그길로 따라갔습니다. 알고 보니 아저씨는 선박 엔진 공장의 부장님이셨고, 귀인을 만난 덕분에 저는 여기서 기술을 배우며 돈도 벌 수 있었습니다."

첫 월급 4,500원을 손에 쥔 그는 가장 먼저 부모님과 형의 선물을 사서 가불까지 해가며 고향으로 소포를 보냈습니다. 하지만 그 애틋한 효심은 세상에서 가장 슬픈 비극이 되어 돌아왔습니다.

"사무실 옆 창고를 청소하고 있는데 누가 저를 목이 터져라 불렀습니다. '원균아, 빨리 가! 어머니 돌아가셨대!' 상경한 지 17일 만에 들은 비보를 듣자마자 온몸이 굳었습니다. 제가 보낸 소포를 받으시고, 그 옷을 입어보지도 못한 채, 아들에 대한 그리움과 통한의 충격으로 쓰러지셨다는 거였죠. 그 순간, 어머니께서 하늘에서라도 저를 돕기 위해 먼저 가셨다고 믿었습니다. 그러지 않고서는, 제가 이 거친 세상을 도저히 버텨낼 수가 없었습니다."

5장. 간절함으로 버틴 쇠파이프와 쪽잠

철공소 생활은 혹독했습니다. 밤마다 이어지는 철야 작업, 듣기만 해도 귓전에 칼날이 닿은 듯한 선배들의 폭언과 쇠파이프로 맞는 구타, 딱지처럼 몸을 구겨 청했던 책상 밑 쪽잠. 그는 돌아가신 어머니와의 약속과 형의 희생을 떠올리며 하루하루를 버텼습니다.

"누구에게나 성실과 노력은 기본입니다. 하지만 저에게는 그것들을 뛰어넘는 '간절함'이 있었습니다. 그 간절함이 오늘의 저를 만들었습니다."

서울 본사에서 일하던 그는 결국 성실함과 간절함을 인정받았고 여수 대리점이 생긴 스무 살 무렵, 여수에 내려와 열심히 근무하며 공장장까지 승진했습니다. 그리고 1994년, 마침내 자신의 이름을 건 회사를 차리며 본격적인 독립의 길을 걷기 시작합니다.

6장. 아버지의 땅, 형님의 전셋집

그는 버는 돈을 흥청망청 쓰지 않고, 모두 가족을 위해 썼습니다. 유일한 사치는 월급날 LP 음반 서너 장을 사는 것뿐이었습니다.

"1989년에 처음으로 1천만 원짜리 적금을 탔습니다. 그 돈으로 아버지의 평생 소원이셨던 당신 명의의 농토 800평을 사드렸고, 서울에서 중국집 배달을 하던 형님께는 전세방을 얻어드렸습니다. 그리고 형님의 어려운 가정 형편을 감안하여 조카들의 대학 학비도 도맡았습니다."

형이 자신의 학비를 책임져줬듯, 형의 가족을 책임지는 게 당연했다며 웃어 보이는 박원균 대표. 그는 이렇게 가족에게서 받은 은혜를 평생 갚고 있습니다.

7장. "가난은 너희들의 죄가 아니야"

그의 선한 마음은, 마침내 가족의 울타리를 넘어 사회로 향하기 시작했습니다. 고등학교 교복을 한 번도 입지 못했던 자신의 아픔을 기억하며, 그는 형편이 어려운 지역 학생들에게 교복을 지원하기 시작했습니다. 그는 자신과 같은 처지의 아이들을 만날 때마다, 자신의 삶으로 증명해 낸 희망의 메시지를 전했습니다.

"교복을 지원받은 학생들의 초롱초롱한 눈빛을 잊을 수가 없습니다. 저는 그 아이들에게 말해줍니다. '나는 고등학교 문턱에도 가보지 못했다. 하지만 가난은 너희들의 죄가 아니다. 나처럼 반드시 이겨낼 수 있다. 다만, 간절한 꿈을 가슴속에 장착해라.'"

그의 진심 어린 한마디는, 수많은 청소년에게 희망의 불씨가 되었습니다.

8장. 내 인생 세 가지 철학, '배려, 간절함, 기다림'

그는 자신의 인생을 지탱해 온 세 가지 철학으로 '배려, 간절함, 기다림'을 꼽습니다. 배려는 신뢰를 낳고, 간절함은 목표를 이루는 원동력이 되며, 기다림은 실패를 넘어 다시 일어서는 힘이 된다고 그는 강조합니다.

"기다림은, 마냥 기다리라는 뜻이 아닙니다. 책이나 방송에서 '서두르지 말라, 그러나 쉬지도 말라'는 문장을 꾸준히 만났습니다. 머릿속을 떠나지 않는 이 문장의 출처를 찾아보니 독일의 철학자 괴테가 한 말이더군요. '최선을 다하라'라는 말보다 저에게 더 와닿는 말입니다. 인생은 노력만으로 안 될 때가 있잖아요. 내가 할 수 있는 최선을 다한 후 그 결과는 하늘에 맡기고 기다리는 마음, 그것이 진짜 삶의 지혜이자 설령 실패한다 해도 다시 일어설 용기가 됩니다."

독일의 대문호 괴테는 "서두르지 말라, 그러나 쉬지도 마라"고 말했습니다. 그의 '기다림'의 철학은, 최선을 다한 자만이 누릴 수 있는 당당한 기다림이었습니다.

9장. 더 큰 나눔을 향해 아직도 새로운 꿈을 꾸다

그의 나눔은 계속해서 확장되었습니다. 소년소녀 가장, 다문화 가정 청소년, 그리고 범죄 피해자 지원까지. 그는 자신의 봉사가 한계에 부딪히자, 주변 지인과 사업가들을 설득하여 더 큰 나눔의 판을 짜고 있습니다.

"복지 사각지대에 놓인 사람들이 너무나 많습니다. 부모가 있다는 이유만으로 지원을 받지 못하는 조손가정 아이들, 언어와 문화의 장벽에 부딪힌 다문화 가정 청소년들. 제가 할 수 있는 범위 내에서, 이 아이들이 안전한 사회의 울타리 안에서 성장할 수 있도록 돕는 것이 저의 남은 꿈입니다."

바쁘게 살아온 남편이자 아버지인 박원균 대표는 자신이 해온 봉사의 가치를 자녀들이 알아주고 있어 더없이 기쁘기도 합니다. 그가 일평생 베풀어온 사랑이 가족들에게도 이어져 더 큰 사랑으로 승화되면 좋겠다는 바람을 전해옵니다.

10장. 한바탕 크게 웃고 눈 감으면 그만

30년 전으로 돌아가고 싶냐는 질문에, 그는 "지금이 가장 좋다"며 단호하게 말합니다. 후회 없이 치열하게 살아왔기에, 과거에 대한 미련이 없다는 것입니다. 그의 마지막 말은, 그의 삶

전체를 압축하는 깊은 울림을 남깁니다.

"옛말에 '태어날 때는 울고 태어났지만, 죽을 때는 웃고 죽자' 라는 말이 있습니다. 저는 그렇게 살고 싶습니다. 왜냐하면, 제 삶은 이미 충분히 행복했으니까요. 죽음의 사신이 찾아와 1분의 시간을 준다면, 한바탕 크게 웃고 눈을 감고 싶습니다."

에필로그

박원균 대표는 '간절함'이라는 불씨로 인생을 뜨겁게 달구고, 주변 사람들의 삶까지 어떻게 바꾸는지를 보여주었습니다. 형의 눈물 젖은 주먹밥을 삼키고, 서둘러 세상을 등진 어머니를 가슴에 묻었던 소년. 그는 돌아가신 어머니와의 약속과 형의 희생을 평생의 빚으로 여기며, 단 한 순간도 게으르거나 유혹에 흔들리지 않았습니다.

"저는 내 삶에서 게으르거나 유혹에 흔들리지 않고, 오직 일방통행으로 옳고 바른 길로 들어선 이후 다른 옆길을 보지 않고 최선을 다해 살아왔습니다."

이처럼 진정한 성공이란 부의 크기가 아니라, 나를 위해 희생해 준 이들을 잊지 않고, 그 사랑을 다시 세상에 퍼뜨리는, 선한 마음의 크기라는 것을 우리는 또 한 번 되새깁니다.

★ ★ ★ ★ ★

박원균 대표의 성공 철학

항목	내용
1. 성공 요인	성실과 노력 위에 '이겨내겠다는 간절함'을 중첩 시켜 지속 동력화
2. 핵심 노하우	정직과 원칙 준수, 바닥부터 익힌 기술력과 문제 해결 능력 극대화
3. 원칙과 습관	최선을 다 하고 기다림. 수용의 3박자, '진인사대천명' 루틴
4. 성장 배경	소작농 가정, 형제 사망의 상흔, 손윗형의 머슴살이, 16세 상경 후 생활 – 어머니의 갑작스런 별세 – 혹독한 현장 생활 기술 습득
5. 성공 분야	제조/철공 공정 운영, 현장 리더십, 사회공헌 경영
6. Insight	'가난은 죄가 아니다' – 출발선보다 추진력, 굳은 의지력 혹독한 현장 생활 속 기술 습득은 품질의 안정화를 꾀한다
7. 성현/명사	뜻이 있는 자는 반드시 길이 있다 – 맹자 작은 습관이 정체성을 만든다 – 제임스 클리어

프롤로그

"저는 정말 성공한 사람이 아닙니다. 제 주변에 진짜 성공한 친구가 있으니 소개해 드릴까요?"

많은 사람들이 '성공은 특별한 사람만의 것'이라 생각하지만, 박정규 대표의 삶은 그 생각이 얼마나 큰 편견인지를 조용히 증명해 보입니다. 그는

스스로를 성공자가 아니라며 손사래를 쳤지만, 작은 시골 마을에서 시작된 그의 이야기는 우리에게 가장 근본적인 성공의 조건을 보여줍니다. 바로 어떤 상황에서도 꺾이지 않는 간절함과 성실함, 그리고 사람을 향한 따뜻한 마음입니다. 삶의 마지막 페이지를 앞두고도 오늘 하루에 설렘을 느낀다는 그의 담담한 고백은, 우리에게 '진정한 성공'이 무엇인지 가장 깊은 울림으로 질문을 던집니다.

1장. 보성에서 피어난 근면의 씨앗

1958년 전남 보성, 철도청에 근무하시던 아버지는 4남 1녀 중 셋째로 태어난 소년 박정규에게 살아있는 교과서였습니다. 열차의 출도착을 관리해야 하기에 단 하루도 허투루 보내지 않으셨던 아버지를 보며 성실의 가치를 배운 그는, 학업에서도 꾸준함이 가장 큰 무기임을 체득했습니다.

"폭설이 쏟아지던 어느 겨울날 아침, 출근 준비를 하시는 아버지를 그날따라 희한하게 붙잡고 싶었습니다. '눈도 많이 오는데 오늘 하루만 나랑 놀아주면 안 되느냐'라고 여쭤봤지요. 아버지는 허허 웃으시며 '이런 날일수록 더 정신 차리고 일해야 한다'라는 말씀을 남기시고는 눈보라 속으로 성큼성큼 걸어 나가셨습니다. 그 흔들림 없는 뒷모습을 보며 생각했습니다. 아버지의 저 꾸준함이 바로 나를 향한 사랑의 방식이구나, 나도 저렇게 내 할 일을 묵묵히 해내는 사람이 되어야겠다고 말입니다.”

소년의 마음에 새겨진 아버지의 뒷모습은 훗날 그의 인생 전체를 지탱하는 단단한 기둥이 되었고, 학생으로서의 마음가짐에도 영향을 주었습니다. 중학교 3학년 때 광주로 이사한 그는 성적 우수 장학금으로 학업을 이어갈 수 있는 철도청 장학생으로 선발되어 꿈을 키워갔습니다.

2장. 카투사, 더 넓은 세상을 배우다

대학교 2학년, 그는 더 넓은 세상을 향한 갈증으로 카투사에 지원했습니다. 치열한 경쟁을 뚫고 입대한 미군 부대는 그에게 새로운 세상을 보여주는 창이었습니다. 그는 그곳에서 선진 시스템과 합리적인 문화를 배웠고, 무엇보다 ‘영어’라는 날개를 달았습니다.

“1970~80년대만 해도 국내에서 영어 회화를 하는 사람은 드물었습니다. 매년 2,000명 안팎 카투사로 선발되는 청년들이 그나마 ‘회화 좀 한다’ 싶은 이들이었어요. 저도 처음부터 영어를 잘했던 것은 아니었습니다. 하지만 더 넓은 세상을 보고 싶다는 간절함이 있었기에, 시간이 날 때마다 도서관으로 달려가 책을 읽고 공부했습니다. 영어가 편해지니 세상이 더 넓게 보이기 시작했죠.”

그에게 군대는 의무의 시간이 아닌, 성장의 기회였습니다. 이곳에서 키운 글로벌한 감각과 책임감은 훗날 사회생활의 강력한 원동력이 되었습니다.

3장. 안정된 공무원, 그러나 친구를 택하다

전역 후, 그는 모두가 부러워하는 공직자의 길을 걷기 시작했습니다. 안정된 미래가 보장된 길이었지만, 그의 가슴속에서는 더 큰 세상에 대한 갈망이 꺼지지 않았습니다. 그러던 어느 날, 고등학교 때 막역지간이었던 친구에게서 전화 한 통이 걸려 왔습니다.

“꼼꼼하고 기술이 좋아 작은 건설사를 차린 친구였는데, 다짜고짜 저를 만나러 오고 있다는 겁니다. 평소 신중한 친구인데 급한 일이 생겼나 싶어 걱정하며 마주 앉았는데 대뜸 부탁을 했어요. 며칠을 뜬 눈으로 고민하다 내린 결론이라며, 저에게 회사를 같이 일으켜보자는 겁니다. 그 간절한 눈빛과 핼쑥해진 얼굴을 보는 순간, 제 마음은 정해졌습니다. ‘알았으니까, 밥이나 먹으러 가자!’”

서른 살, 안정과 도전의 기로에서 그는 과감히 사표를 던지고 친구의 손을 잡았습니다. 그 선택은 안락한 항구를 떠나 거친 바다로 나서는 용기 있는 출항이었습니다.

4장. 25년의 헌신, 그리고 뜻밖의 스카우트

친구와 함께 건설사에서 보낸 25년은 묵묵한 헌신의 시간이었습니다. 그는 자신의 모든 것을 쏟아부었고, 그 진정성은 새로운 기회를 불러왔습니다. 포스코 협력사의 경영 전권을 맡아달라는 파격적인 스카우트 제안을 받은 것입니다. 그는 수많은 자격증을 취득하며 전문성을 갈고닦았고, 마침내 포스코 본사에서 성공 사례를 발표하는 영광의 자리에까지 오르게 됩니다.

"촘촘히 들어앉은 사람들 앞에서 발표하던 날이 아직도 기억나요. 내가 이 자리에 있어도 될까? 무대 밑에선 의심하고 또 의심했는데 무대에 오른 순간 모든 의심이 사라졌습니다. 내가 간절히 노력했던 만큼, 이젠 청중이 내 발표를 통해 무언가를 이뤄내는 사람이 될 수 있겠다는 확신이 생겼죠. 그날 저는 물 만난 고기처럼 신나게 발표를 이끌었습니다."

5장. 항만사업, 5년의 적자를 견디다

정년을 앞두고 그는 자신의 모든 것을 건 마지막 도전을 결심합니다. '물류는 인류가 존재하는 한 멈추지 않는다'라는 직관 하나로 뛰어든 항만 사업이었습니다. 하지만 현실의 파도는 냉혹했고, 창업 후 5년은 적자의 연속이었습니다.

"우리나라 5년 차 창업 기업 생존율이 30%가 채 안 됩니다. OECD 평균에 한참을 못 미치는 비율이죠. 10개 기업 중 6~7개가 창업 5년 이후 망한다는 소린데 저는 이 통계를 마음의 지표로 삼았어요. 상황이 어려울 땐 '나만 힘든 게 아니구나' 위안을 삼았고, 경기가 좋을 땐 '반드시 살아남는 3개의 기업 안에 들자'라고 다짐했죠."

모두가 포기하라고 말할 때, 그는 세상의 기준에 흔들리지 않고 묵묵히 버텼습니다. 6년 차에 처음으로 흑자를 기록하던 날, 그는 직원과 그 가족 모두를 초대해 큰 잔치를 열었습니다. 그 무엇보다 함께 고생해준 직원들이 가장 고마웠기 때문입니다.

6장. "노조 위원장? 사장이 하겠습니다"

그는 스스로를 '오너가 아닌 머슴'이라 말합니다. 회사에 다닐 때 노조에 가입은 했어도 전면에 나선 적은 없는 그가 사장이 되자, 직원들의 권익을 위해 직접 노조 위원장을 자처하며 그들의 편에 섭니다.

"어릴 적 어머니께서 '자식 입에 밥 들어가는 것만 봐도 제일로 행복하다'라고 하셨습니다. 저 역시 그렇습니다. 직원들 월급 올려주고 복지를 챙겨줄 때가 제 인생에서 '제일로' 행복합니다. 사장 혼자 잘 먹고 잘사는 회사는 결코 오래갈 수 없습니다."

직원 모두가 행복한 회사를 만드는 것, 그것이 그의 경영 철학이자 가장 큰 보람입니다.

7장. 오늘이 내 인생 가장 설레는 날

타임머신을 타고 과거로 돌아간다 해도, 그는 똑같은 길을 걸을 것이라고 말합니다. 지나온 시간에 대한 후회 대신, 오늘 하루에 대한 설렘으로 아침을 여는 그의 태도는 삶을 대하는 그의 자세를 오롯이 보여줍니다.

"저라는 사람이, 오늘까지 잘 이어온 회사가, 하루아침에 짠 하고 생긴 게 아니잖아요. 과거로 돌아간다 한들 고민이나 시행착오가 없을까요? 절대 그렇지 않을 거예요. 매 순간의 선택들이 모여 지금의 제가 있는 것이기에, 저는 지나온 시간에 한 톨의 후회도 없습니다. 오히려 매일 아침 눈을 뜰 때마다 '오늘은 또 무슨 재미있는 일이 생길까?' 기대하며 하루를 시작합니다."

8장. "화장실 청소, 할 수 있습니까?"

그는 자녀와 직원들에게 항상 '태도'의 중요성을 강조합니다. 학벌이나 능력보다 중요한 것은 조직을 진심으로 사랑하고 궂은일도 마다하지 않는 마음가짐이라는 것입니다.

"학벌도 좋고 똑똑한 직원이 있었습니다. 워낙 청산유수라 거래처 미팅에 대동하면 말도 잘했던 친구예요. 그런데 가끔 사무실이 어수선해서 저나 직원들이 정리하는 모습을 보여도 그는 절대 일어서질 않았습니다. '이건 내 일이 아니다'라는 태도가 은연중에 드러난 거죠. 반면, 입사 3개월 차 신입 사원은 누가 시키지 않아도 사무실 먼지를 닦고 궂은일을 도맡아 했습니다. 이유를 물으니 '제가 회사를 좋아하기 때문입니다'라고 답하는데, 가슴이 뭉클했습니다."

박정규 대표는 이 사원을 보며 에이브러햄 링컨이 남긴 말을 떠올렸습니다. "인격은 나무와 같고, 명성은 그 그림자와 같다. 그림자는 우리가 생각하는 것이고, 나무는 진짜 본질이다."

"저는 그 신입 사원에게서 바로 그 '본질'을 보았습니다. 회사에서 '내 일'과 '남의 일'을 나누기 전에 얼마나 진심으로 일을 대하고 조직을 사랑하는지가 더욱 중요하다는 것을 깨달았어요."

그는 이때부터 '회사에 들어가면 화장실 청소라도 할 수 있는 사람'을 인재상으로 꼽았습니다. 취업을 앞둔 막내딸에게도 종종 같은 말을 전하면서요.

"물론 한 번도 직원에게 화장실 청소를 시킨 적은 없습니다. 하지만 앞서 언급한 신입 사원처럼 먼저 움직이면 회사는 그 이름을 기억합니다. 일이라는 건 능력으로 시작한다 해도 결국은 신뢰로 인정받고 성품으로 마무리된다는 걸 기억하길 바랍니다."

9장. "매듭은 스스로 푸는 것입니다"

그는 삶의 고통 앞에서 어설픈 위로를 건네지 않습니다. 다만 절망에 빠진 이들에게, 결국 그 매듭은 스스로 풀어야만 한다고 조언합니다. 자신을 믿고 다시 일어서는 용기, 그것만이 유일한 해답임을 그의 삶이 증명하고 있기 때문입니다.

"힘들다는 친구에게 '다 잘될 거야'라는 말을 습관처럼 해줄 때가 있었습니다. 친구를 만나고 돌아올 때면 '내 말이 과연 친구에게 도움이 될까?' 생각이 많아졌죠. 제가 용기를 주든 질책을 하든 문제를 해결하는 건 결국 친구 자신이라는 결론을 내렸습니다. 가끔 안부를 물으며 믿고 지켜보는 걸로 위로의 방식을 달리했는데 얼마 전 친구에게 연락이 왔어요. 상황이 차츰 나아지고 있다는 소식에 제가 더 기뻤습니다."

10장. 내일 죽더라도 오늘처럼

박정규 대표는 현재 말기 암으로 투병 중입니다. 시한부 선고를 받았지만, 그의 일상은 조금도 달라지지 않았습니다. 그는 여전히 매일의 업무와 관계에 최선을 다하며, 오늘 하루를 설레는 마음으로 살아갑니다.

"내일 죽더라도, 저는 오늘처럼 살 겁니다."

그의 담담한 한마디에는 삶에 대한 깊은 사랑과 존중, 그리고 어떠한 시련 앞에서도 흔들리지 않는 의연함과 일관된 태도가 담겨 있습니다.

에필로그

"간절히 바라고, 묵묵히 걸으면 결국 닿게 된다."

카투사 시절 도서관에서 발견한 한 문장을 평생의 삶으로 증명해 낸 박정규 대표. 그의 삶은 한 줄기 물길처럼 흘러왔습니다. 때로는 바위에 부딪혀 방향을 틀었고 때로는 햇살 아래 반짝이기도 했지만, 그는 언제나 자신만의 속도를 지켰습니다. 오늘을 열심히 사는 만큼 후회가 없고, 내일을 설레는 마음으로 기다린다는 그의 눈엔 일흔을 앞두고도 천진한 열정이 서려 있습니다. 그가 계속해서 설레는 아침을 맞이하기를 바라며, 그가 마지막으로 남긴 조언을 그대로 옮겨 봅니다.

"돈을 따르지 말고 비전을 따라가세요. 그러면 놀랍게도 돈이 당신을 따라올 것입니다."

★★★★★
박정규 대표의 성공 철학

항목	내용
1. 근본	철도공무원의 아들로 근면성실한 삶과 장학생
2. 핵심 철학	동료와 사회를 향한 따뜻한 시선
3. 성공 요인	이루고자 하는 목표에 대한 뜨거운 열망과 간절함
4. 희망 메시지	신체와 정신의 끊임없는 움직임으로 활동을 통해 전진하라
5. 미래 목표	직원 급여 인상과 지속적 신규 인적자원 확충
6. Insight	성공은 근면성과 성실을 바탕으로 동료와 사회를 바라보는 따뜻한 시선에서 자란다 끊임없는 열정과 꾸준한 움직임이 진정한 전진이며, 타인과 성장하는 길을 연다
7. 성현/명사	배우고 때때로 익히면 또한 기쁘지 아니한가 – 공자 Energy and persistence conquer all things (끈기와 부지런함은 모든 것을 정복한다) – 벤자민 프랭클린

프롤로그

1997년 IMF 외환위기 직후, 한 여성이 있었습니다. 운영하던 모든 가게는 문을 닫았고, 월세를 내지 못해 집주인이 휘두르는 도끼에 집 문이 부서지는 것을 두 아이의 손을 잡고 지켜봐야 했습니다. 인생이 끝났다고 생각했던 그 절망의 순간, 그는 울지 않았습니다. 대신, 다음 날 새벽 시장으로 향했습니다. 안미자 대표의 인생은 한 편의 처절하고도 위대한 드라마입니다. 가난과 무책임, 사회적 냉대 속에서도 결코 꺾이지 않았던 그의 의지는, 마침내 영덕 시장의 판도를 바꾸고 누구도 무시할 수 없는 자산가의 반열에 '안미자'라는 그 이름 석 자를 올려놓았습니다.

1장. 가난이라는 이름의 교과서

1956년 경북 포항, 5남매 중 맏이로 태어난 안미자 대표에게 가난은 가장 혹독하고 값진 교과서였습니다. 생활력이 부족했던 부모님을 대신해, 그는 어린 시절부터 산나물과 갈대를 캐며 동생들을 돌봐야 했습니다.

"부모님을 원망할 시간조차 없었습니다. 그저 이 가난의 고리를 반드시 내 손으로 끊어내야 한다는 생각뿐이었죠."

그는 가난을 대물림하지 않겠다는 결심 하나로 현실을 냉정하게 직시했습니다. 그리고 그 냉철한 현실 인식이, 훗날 어떤 시련 앞에서도 그를 지탱해 준 평생의 원동력이 되었습니다.

2장. 도끼로 부서진 문, 무너져 내린 인생

노래방, 레스토랑, 의류 매장 운영까지. 그는 닥치는 대로 일하며 악착같이 돈을 벌었습니다. 하지만 1997년, IMF 외환위기는 그가 쌓아 올린 모든 것을 한순간에 앗아갔습니다. 사업 실패와 이혼까지 겹치며 벼랑 끝에 내몰린 그에게, 세상은 마지막 남은 존엄성마저 허락하지 않았습니다.

"월세를 내지 못하자 집주인이 도끼를 들고 와 문을 부수며 당장 나가라고 소리쳤습니다. 초등학생이던 두 아이 앞에서 벌어진 일이었죠. 그 순간 눈물조차 나지 않았습니다. '아, 내 인생이 이렇게 끝나는구나' 하는 생각뿐이었습니다."

하지만 그의 곁엔 세상 무엇과도 바꿀 수 없는 두 아이가 있었습니다. '내가 무너지면 이 아이들의 삶도 끝이다'라는 절박함이, 꺼져가던 그의 생명력에 다시 불을 지폈습니다.

"파산보다 무서운 게 포기해 버리는 저 자신이었습니다. 아이들을 책임져야 한다는 생각에 가만히 있을 수가 없었어요. 가진 거라곤 건강한 몸과 시간뿐이니, 남들보다 일찍 일어나 뭐가 됐든 해야겠다고 마음먹었습니다."

3장. 1톤 트럭으로 인생의 시동을 다시 걸다

친정으로 돌아온 그는 다음 날 새벽, 1톤 트럭에 몸을 싣고 채소 장사를 시작했습니다. 목표는 오직 하나, 당장의 생계 유지였습니다. 그의 눈에 당시에는 아직 알려지지 않았던 경북 영덕의 '강구항'이 들어왔습니다. 경쟁이 없던 그곳에서, 그는 자신만의 방식으로 신뢰를 쌓기 시작했습니다.

"새벽부터 트럭에 채소를 싣고 돌아다니며 팔았는데 만나는 상인들과 음식점에서 아이디어를 많이 얻었습니다. 다른 상인들은 대량 납품 위주였지만, 저는 각 상가에서 원하는 만큼만 맞춤으로 납품했습니다. 채소를 깨끗하게 손질하고 어울리는 양념까지 준비했죠. 생각만 하고 실천하지 않으면 아무것도 변하지 않습니다. 그때 저에게는 자존심보다 현실이 더 중요했습니다."

그의 성실함과 차별화된 전략은 금세 입소문을 탔고, 그의 1톤 트럭은 재기의 엔진이 되어 새벽 시장을 힘차게 달리기 시작했습니다.

4장. 건달과의 싸움, "내가 이 동네의 주인이 되겠다"

강구항에 돈이 몰리자, 어두운 그림자도 함께 드리워졌습니다. 지역 건달들이 나타나 상인들에게 자릿세를 요구하며 행패를 부리기 시작한 것입니다. 약한 노인들부터 괴롭히는 그들의 비겁함에, 그는 분연히 맞서 싸웠습니다.

"처음엔 그런 세력이 있는 줄도 몰랐어요. 작은 가게부터 들쑤시고 다닌다는 소식이 들리길래 이들을 찾아 나섰고 결국 맞닥뜨렸습니다. 이때부터 우리 가게에 수시로 드나들며 협박했어요. 무서웠습니다. 가게 물건을 엎고, 금고를 부수고, 트럭 타이어에 구멍을 내더군요. 하지만 제가 물러서면 다른 상인들이 더 큰 피해를 볼 것이 분명했습니다. 여기서 밀리면 끝이라는 생각에, 저도 물러서지 않았습니다."

경찰에 신고하고, 상인들과 연대하며, 때로는 직접 멱살잡이도 마다하지 않았습니다. 그리고 이 처절한 싸움을 통해 그는 더욱 근본적인 해결책을 깨닫게 됩니다. '누구도 함부로 할 수 없도록, 이 동네, 이 땅의 주인이 되자!'

5장. 영덕시장의 개척자, 상가 6채의 주인이 되다

그때부터 안미자 대표는 기회가 보일 때마다 상가를 사 모으기 시작했습니다. 사람은 배신해도 땅은 거짓말을 하지 않는다는 믿음 때문이었습니다.

"상인들을 지키기 위해서라도 제가 상가의 주인이 되어야겠다고 결심했습니다. 시간이 날 때마다 발품을 팔고, 부동산과 토박이 상인들에게 정보를 얻으며 기회를 놓치지 않았습니다."

직판장 근처 야채 판매장에서 시작해, 마침내 영덕시장의 상가 6채를 인수하며 그는 명실상부한 지역의 중심인물이 되었습니다. 상인회를 직접 조직하여 지역 활성화에도 앞장섰습니다. 한때 그를 위협했던 어둠의 세력들은 더이상 상인들을 괴롭히지 못했습니다. '안미자'라는 사람을 통해 영덕시장에 비로소 평화가 찾아온 것입니다.

6장. 시장 바닥에서 펼쳐 든 경제 신문

그는 단순히 돈만 버는 장사꾼에 머물고 싶지 않았습니다. 시장 바닥에 주저앉더라도 책과 경제 신문을 손에서 놓지 않으며 시장과 소비자의 흐름을 연구했습니다.

"배움이 짧다는 이유, 장사하느라 바쁘다는 이유… 공부하기 어려운 이유를 대려면 수만 가지가 나오더라고요. 이 모든 게 결국 '핑계'가 될 수 있겠다고 생각하며 마음을 고쳐먹고 신문사 지국부터 찾았습니다. 공부가 꼭 책상에서만 하는 건 아니지 않습니까? 세상이 어떻게 돌아가는지 알아야 내 장사도 한 단계 발전할 수 있습니다. 바쁘다는 건 결국 핑계일 뿐이죠."

이러한 배움에 대한 열정은 자녀들에게 더 넓은 세상을 보여주는 것으로 이어졌습니다. 큰딸은 중국 북경대로, 아들은 인도로 유학을 보내며 자신의 한계를 넘어서는 경험을 선물했습니다.

7장. 계산기만 두드리면 성공은 없다

이제 영덕시장에서 그의 성공 신화를 모르는 사람은 없습니다. 그를 만나고 싶다며 불쑥 찾아오거나 연락해 오는 이들도 많습니다. 어시장 장사 노하우를 묻는 예비 창업자부터 무작정 일을 배우고 싶다며 찾아오는 청년들에게 그가 말하는 성공 철학은 명쾌합니다. '해보지 않고 계산만 하는 사람은 아무것도 얻지 못한다'는 것. 바로 '실행력'입니다.

"'내일부터 하겠습니다'라고 말하는 사람치고 진짜 내일 시작하는 사람을 거의 보지 못했습니다. 나폴레옹은 '숙고할 시간을 가져라, 그러나 행동할 때가 오면 생각을 멈추고 돌진하라'고 말했습니다. 저는 많은 사람들이 생각만 하기보다, '우선 저지르고 보는 힘'을 길렀으면 좋겠습니다. 저도 이 힘을 기르고 유지하기 위해 꾸준히 노력하고 있어요. 세상 돌아가는 걸 계속 공부하는 이유도 이 때문이죠."

실패해도 다시 시작하면 된다는 그의 긍정적인 '실천 철학'이야말로 오늘날의 그를 만든 핵심 동력이었습니다.

8장. 새벽 4시 40분, 나를 지키는 시간

수많은 자산을 일군 그가 최고의 자산으로 꼽는 것은 다름 아닌 '건강'입니다. 매일 새벽 4시 40분에 일어나 1시간 반 동안 운동하는 것을 수십 년째 실천하고 있습니다.

"하루를 일찍 시작하는 것만으로는 부족했습니다. 몸이 버티질 못하더군요. 일찍 일어나서 걷고 뛰기를 반복하며 제 몸에 맞는 운동 패턴을 찾은 후로는, 이제 웬만해선 아프지 않습니다."

바로 오늘 아침에도 뛰었다며 활짝 웃는 안미자 대표. 철저한 자기 절제와 생활 습관이야말로, 장기적인 성공을 위한 가장 중요한 투자임을 그는 자신의 삶으로 증명하고 있습니다.

9장. '마음먹기에 달린 삶'을 직접 물려주다

그는 자녀들에게 신용과 약속을 지키는 삶, 남에게 피해 주지 않는 삶을 늘 강조합니다. 하지만 그는 말로만 가르치지 않았습니다. 아파트와 상가를 한 채씩 선물하며 경제적 자립의 기반을 직접 마련해 주었습니다. 이는 단순한 부의 대물림이 아니었습니다. 돈에 휘둘리지 않고, 스스로의 삶을 주체적으로 살아가라는 '마음먹기에 달린 삶'의 지혜를 물려준 것입니다. 이 모든 것은 바쁜 엄마를 이해하고 묵묵히 성장해 준 아이들에 대한 고마움의 표현이기도 했습니다.

"성공이라 말하기도 참 쑥스럽지만, 저 혼자 잘해서 집을 넓히고 상가를 살 수 있던 게 아닙니다. 이날 이때까지 바쁜 엄마를 이해하며 사춘기 투정이나 군소리 한 번 없이 잘 커 준 아이들 덕분입니다. 하던 공부와 일을 통해 계속 성장해서 우리 사회에 꼭 필요한 사람이 되면 좋겠습니다.”

10장. "내는 이미 다 해봤으니 미련은 없지예"

시한부 인생을 마주한다 해도 미련은 없다고 말하는 그의 목소리에는 후회 없는 삶을 살아온 사람만이 가질 수 있는 평온함이 배어 있습니다.

“제가 미련이 없는 이유는, 정말로 다 해봤기 때문입니다. 하고 싶었던 것, 해야만 했던 것, 그 모든 것을 정말 원 없이 치열하게 다 해봤습니다.”

남은 시간이 주어진다면, 여행을 떠나고 삶을 정리하며 평온한 마무리를 하고 싶다는 그의 말에서, 우리는 가장 위대한 성공이란 결국 ‘후회 없는 삶’이라는 것을 다시금 깨닫게 됩니다.

에필로그

안미자 대표는 아무도 가치를 알아보지 못했던 새벽 시장에 스스로 개척자의 깃발을 꽂았습니다. 가난을 원망하지 않았고, 세상을 탓하지 않았으며, 오직 자신의 두 발로 잔인한 세상의 한복판을 뚫고 걸어왔습니다.

"내 인생, 누구도 대신 살아주지 않습니다. 나를 아끼고 돌보며 생각한 대로 움직여 보세요. 가면 길이 생길 것이고, 그냥 그렇게 걸으면 됩니다."

그의 여정은, 지금 길 위에서 망설이는 모든 이들에게 가장 선명하고 희망적인 내비게이션이 되어줄 것입니다.

★ ★ ★ ★ ★
안미자 대표의 성공 철학

항목	내용
1. 나는 새벽 시장 여왕이었다	가난을 딛고 자산가로 우뚝선 한 여성의 인생 역전기
2. 강구항의 기적	1톤 트럭에서 시작된 부의 여정
3. 돈보다 강한 여자	IMF도 꺾지 못한 철의 의지
4. 아무도 모른 나의 성공 법칙	생각보다 실천, 계산보다 행동으로 이룬 삶
5. 시장은 나의 학교였다	좌절을 딛고 자산가가 되기까지의 리얼 스토리
6. Insight	진정한 성공은 돈을 넘어 품격을 지키며 끝내는 삶의 태도에서 비롯된다
7. 성현/명사	하늘은 스스로 돕는 자를 돕는다 – 맹자 성공은 힘이 아닌 의지로 이루어진다 – 윈스터 처칠

365일, 가게의 불을 끄지 않겠다는 약속

프롤로그

종종 찾던 단골 식당의 굳게 닫힌 문 앞에서 마음이 서늘해지는 경험, 누구에게나 한 번쯤 있을 겁니다. 수많은 가게가 하룻밤 사이에도 명멸하는 시대, '지속되는 성공'이란 과연 무엇일까요? 여기, 한결같이 같은 자리

를 지키는 것으로 그 답을 보여주는 사람이 있습니다. 30년 넘

게 양평의 한자리를 지켜온 이금례 대표의 삶은, 성실함이라는 뿌리가 얼마나 단단하고 위대한 결과를 만들어내는지 증명합니다. 바람처럼 흘러간 세월의 파도 속에서도 등대처럼 꺼지지 않았던, 한 사람의 숭고한 기록을 이제 한 페이지씩 넘겨봅니다.

1장. 피난민의 딸, 강한 뿌리를 내리다

이금례 대표는 충북 진천의 2남 2녀 중 막내로 태어났습니다. 6·25 전쟁 때 강원도 철원에서 내려온 피난민이었던 아버지, 그리고 같은 상처를 가진 남편. '피난민 출신'이라는 두 사람의 척박한 공통점은 서로를 더 깊이 이해하는 유대가 되었습니다.

"남편을 처음 만난 날 고향을 물었더니 강원도 철원, 그것도 북녘에서 왔다길래 내심 반가웠습니다. 남편은 철원 출신 피난민 가정에서 자란 저와 공통점이 많았어요. 결국 살림을 합치고 백년가약을 맺었습니다. 결혼할 인연이 따로 있나 싶을 만큼 마음이 잘 맞았고 지금도 크게 달라진 건 없네요."

충북 음성에서 시작된 결혼 생활은, 어쩌면 살아남기 위한 또 다른 전쟁이었을지도 모릅니다. 뿌리가 뽑힌 사람들의 슬픔을 아는 이들은, 그래서 더 악착같이 하루하루를 버티며 새로운 땅에 뿌리 내리고자 했습니다.

2장. 양평으로의 이사, 맨손으로 일군 희망

삶의 돌파구는 뜻밖의 기회로 찾아왔습니다. 6·25 전쟁으로 헤어졌던 손위 시누이를 이산가족찾기 방송을 통해 기적처럼 찾게 된 것입니다. 부부는 망설임 없이 시누이가 있는 경기도 양평으로 삶의 터전을 옮겼습니다.

"1984년 11월 3일, 그날을 잊지 못합니다. 가진 것이라곤 아무것도 없었지만, 잠들지 않는 두 손과 성실한 마음만 있다면 무엇이든 해낼 수 있다고 믿었어요. 그렇게 양평에서 농사를 지으며 두 번째 인생을 시작했습니다."

그의 유일한 자산은 지칠 줄 모르는 두 손과 흙을 대하는 진실한 마음이었습니다. 남의 땅을 빌려 농사를 짓는 소작농이었지만, 땀은 결코 주인을 배신하지 않았습니다. 7년의 시간이 흐른 뒤, 그는 마침내 평당 몇천 원 하던 땅 6천 평의 주인이 되었습니다. 그 땅은 단순한 흙이 아니라, 맨손으로 일궈낸 희망의 첫 증거였습니다.

3장. 담배밭에서 쓰러지다, 운명처럼 시작된 식당

고된 담배 농사에 몸이 먼저 주저앉았습니다. 밭에서 쓰러진 아내의 건강을 염려한 남편은 새로운 수입원을 알아보는 데 주력했고, 그러다 상의도 없이 덜컥 갈빗집을 계약해 왔습니다. 갑작스러운 남편의 결정이었지만, 이금례 대표는 이를 자신의 새로운 운명으로 받아들였습니다.

"가서 먹을 줄이나 알았지, 한 번도 해본 적 없는 고깃집을 어떻게 운영해야 하나 걱정이 많았습니다. 그런데 이렇게 큰 결정을 하기까지 남편 혼자 끙끙 앓았을 것을 생각하니까 마음이 짠하고 고마웠어요. 이왕 이렇게 된 거 내 이름 걸고 열심히 해보자, 다짐했습니다."

이금례 대표가 각오를 단단히 하고 좋은 고기와 정성 어린 밑반찬을 내어놓자, 갈빗집은 그야말로 '대박'을 터뜨렸습니다. 그 해 벌어들인 수익은 그의 인생을 바꾸는 중요한 전환점이 되었습니다.

4장. 갈빗집에서 송어횟집으로, 본격 장사 인생의 서막

"식재료를 최상급으로 신경 썼더니 장사가 제법 잘 됐습니다. 소위 말하는 '오픈발'일 수도 있으니까 들뜨지 말아야 한다고 생각하며 손님들을 더욱 잘 모시려 노력했어요."

하지만 성공의 기쁨은 길지 않았습니다. 장사가 잘되는 것을 본 건물주가 감당할 수 없을 만큼 임대료를 올렸기 때문입니다.

"1년 만에 월세를 5만 원이나 올렸어요. 지금 보면 작은 돈

같지만, 그때는 정말 큰돈이었습니다. 그 순간 깨달았죠. 아무리 장사가 잘되어도 내 땅, 내 가게가 아니면 결국 모래 위에 성을 쌓는 것과 같다는 것을요.”

그는 좌절하는 대신, 가장 단단한 땅 위에 자신의 성을 다시 짓기로 결심했습니다. 7년간의 땀으로 얻은 자신의 부지 6천 평에 직접 송어 양식장을 짓고 횟집을 연 것입니다. 외진 가정집에 차린 횟집이었지만, 신기하게도 손님들이 알음알음 찾아들기 시작했습니다. 그리고 그는 치열한 횟집 경쟁 속에서 살아남기 위한 단 하나의 철칙을 세웁니다. ‘365일, 단 하루도 문을 닫지 않는 가게’. 이는 손님을 향한 무언의 약속이자, 자기 자신을 향한 엄중한 맹세였습니다.

5장. 딸의 결혼식 날에도 가게 문을 열다

그 약속은 결코 가볍지 않았습니다. 명절에도, 휴일에도, 심지어 사랑하는 딸의 결혼식 날에도 그는 가게를 지켰습니다. 아침 일찍 예식장에 들러 사진만 찍고는, 하객들의 박수 소리가 채 끝나기도 전에 식당으로 돌아와 손님맞이를 준비했습니다.

“손님은 제 또 다른 가족입니다. 제가 손님을 기다리듯, 손님도 저를 기다리니까요. 먼 길을 찾아오셨는데 문이 닫혀 있다면 얼마나 허탈하시겠어요. 손님의 그 마음을 알기에, 저는 언제나 손님보다 먼저 제자리를 지켰습니다.”

고객의 발걸음이 헛되지 않게 하겠다는 마음. 이 우직한 진심이 지난 30년간 그 어떤 위기 속에서도 그를 살아남게 한 가장 강력한 힘이었습니다.

6장. 남에겐 폐업의 위기, 나에겐 또 하나의 기회

시간이 흐르며 주변의 경쟁 횟집들은 하나둘씩 문을 닫았습니다. 손이 많이 가고 경기를 탄다는 이유였습니다. 하지만 이금례 대표에게 그런 이유는 핑계가 되지 못했습니다.

“물론 저도 다른 일을 할 수 있었겠죠. 저는 농사도 지어봤고 고깃집도 해봤기에 뭘 하든 자신 있었어요. 하지만 이 횟집은 제가 직접 키운 송어를 자식처럼 내어놓는 곳이라, 차마 문을 닫을 수가 없었습니다. 사람들은 ‘장사는 전략’이라고 하지만, 저의 유일한 전략은 ‘진심으로 대하고, 꾸준히 문을 여는 것’입니다. 장사는 결국 사람과 사람이 만나는 일이고, 기술보다는 성실함이 더 오래가는 법이니까요.”

남들이 떠나간 자리를 묵묵히 지키는 그의 우직함은, 곧 가장 강력한 경쟁력이 되었습니다.

7장. 단골은 삶의 선물이자 마음의 자산

그에게 단골은 단순한 매출이 아닌, 마음으로 맺어진 관계입니다. 금요일마다 오는 손님, 분기마다 찾는 부부, 좋은 일을 기념하러 오는 가족들. 그는 누가 어떤 메뉴를 좋아하는지, 어떤 날 찾아오는지 기억하고 먼저 마음을 썼습니다.

"언젠가 신문에서 이런 글을 봤어요. '이 세상에는 단 한 명의 보스가 있을 뿐이다. 바로 고객이다'라는 한 구절이었는데 장사하는 사람으로서 무릎을 쳤습니다. 월마트의 창업자 '샘 월턴'이 남긴 이 말에서, 손님을 어떻게 생각하면 되는지 답을 얻었어요. 그때부터 저에겐 최고의 보스가 손님이고, 언제나 잊지 않고 있다는 작은 정성을 보였습니다. 단골손님은 그저 자주 오시는 분들이 아니에요. 그분들의 인생과 제 인생이 겹치는 소중한 '감정 자산'입니다."

그의 식당은 회를 파는 곳을 넘어, 누군가의 추억과 이야기가 쌓이는 장소가 되었습니다.

8장. 청년들이여, 한 우물을 파라

어느덧 30년을 훌쩍 넘긴 그의 횟집은 양평군을 대표하는 장수 음식점이자 지역의 명물이 되었습니다. 이에 보답하듯 그는 조용히 지역사회에 그 고마움을 환원해 왔습니다. 어르신들을 위한 경로잔치를 열고, 지역 행사를 후원하며, 어려운 이웃을 소리 없이 도왔습니다. 그런 그에게 종종 인생의 길을 묻는 청년들이 찾아옵니다. 일을 하고 싶다, 가게를 차리고 싶다, 뭘 해야 할지 모르겠다 등등 다양한 속내를 꺼내는 젊은 세대를 향해 그는 자신의 삶으로 증명한 단 하나의 진리를 들려줍니다.

"좋은 직장, 번듯한 창업만 너무 바라보지 마세요. 어떤 일이든 한 우물을 파세요. 한 분야에서 꾸준히, 그리고 정직하게 땀 흘리는 것이야말로 가장 확실한 성공의 지름길입니다. 그리고 장사를 한다면, 절대로 가게 문을 닫지 마세요."

9장. 삶의 끝에서 다시 희망을 말하다

때로는 죽고 싶을 만큼 힘들다며 울분을 토하는 손님들도 있습니다. 그럴 때면 그는 자신의 삶을 길어 올려 따뜻한 지혜를 나눕니다. "죽는 게 쉬워 보이지만 결코 그렇지 않습니다. 어차피 사는 게 힘든 것이라면, 이왕 태어난 것 죽을 힘으로 살아볼 궁리를 해보세요. 당신은 혼자가 아닙니다. 부모와 자식, 형제가 있을 것이고, 하다못해 혈혈단신이더라도 지금 당장 문밖을 나가보세요. 당신을 바라보는 사람들이 있으니, 이들을 생각하며 소중한 삶을 단단히 붙잡으면 좋겠습니다."

10장. 100년 가게를 꿈꾸며

30여 년을 지켜온 가게를 이제 아들에게 물려주었습니다. 언젠가는 며느리와 손주가 대를 이어 '100년 가게'의 역사를 써 내려가길 꿈꿉니다.

"아들에게 가게를 물려주기로 결심했을 때, 한참을 울었습니다. 현역에서 물러난다는 아쉬움보다, 이제 손님들을 예전처럼 자주 뵙지 못할 거란 생각에 눈물이 났어요. 하지만 이제는 제가 해야 할 다른 일이 있다고 믿으면서 마음 다해 신앙 생활을 이어가고 봉사에 집중하겠습니다. 건강한 몸과 마음으로 이 횟집이 100년 가게가 되는 날을 지켜볼 겁니다."

이제 그는 봉사와 나눔으로 인생의 후반을 아름답게 채워가고 있습니다. 성실함으로 한평생을 채워온 그의 발걸음이 언제나 가볍고 평안하기를 응원합니다.

에필로그

이금례 대표의 삶은 어느 상인의 평범한 성공담을 넘어, 한 지역의 역사가 되고, 시대의 귀감이 되었습니다. 흔들림 없는 성실함, 가족에 대한 사랑, 사람을 향한 존중, 신앙 안에서의 나눔과 감사. 아무리 세상이 빠르게 변해도 '절대로 문을 닫지 않는' 사람의 철학은 여전히 우리에게 깊은 울림을 줍니다. 자신의 삶을 통해 시작할 용기와 꺼지지 않는 희망을 보여준 그가, 우리 시대의 진정한 '장사의 신'이 아닐까요?

★ ★ ★ ★ ★
이금례 대표의 성공 철학

항목	내용
1. 근본	피난민의 딸로 시작된 절실한 삶
2. 핵심 철학	절대 문 닫지 않는 장사
3. 성공 요인	365일, 정직한 가격, 정성 어린 손길
4. 희망 메시지	죽을 힘으로 살아보라, 반드시 길이 열린다
5. 미래 목표	100년 가게의 기반 닦기
6. Insight	성실과 꾸준함은 작은 삶의 습관에서 시작되어 위대한 성취로 이어진다 절망의 순간에도 희망을 붙들고 나아갈 때, 누구에게나 길은 열린다
7. 성현/명사	천재일우(千載一遇) 배움은 고난 속에서 빛난다 – 공자 I never lose. I either win or learn (나는 절대 지지 않는다. 승리하거나 배우거나 둘 중 하나다) – 넬슨 만델라

프롤로그

누구에게나 인생은 선택의 연속이라
지만, 만약 그 길 위에서 고를 수 있는
선택지가 처음부터 존재하지 않았다면
어떨까요? 조정진 대표에게 학창 시절
의 꿈은 사치였고, 가족의 생계를 책임
지는 것은 숙명이었습니다. 하지만 그

는 정해진 운명에 굴하지 않고, 스스로의 힘으로 업계 최고의

전문가가 되어 마침내 '선택할 수 있는 삶'을 쟁취해 냈습니다. 대한민국 반도체 장비 기술을 이끌고 있는 그의 여정은, 우리 스스로에게 부여하는 '선택권'이야말로 가장 위대한 성공의 시작임을 보여줍니다.

1장. 고난 속에 싹튼 단단한 뿌리

1982년, 중학교 졸업을 앞둔 소년의 어깨 위로 세상의 모든 무게가 내려앉았습니다. 아버지를 여의고, 3남 2녀의 장남으로서 홀어머니와 함께 생계라는 거대한 벽을 마주해야 했습니다. 슬픔에 잠길 겨를도 없이 소년 가장이 된 그에게 가난은 피할 수 없는 현실이었습니다. 하지만 그는 주저앉는 대신, 그 현실을 디딤돌 삼아 더 높이 오르기로 결심합니다.

"잘 계시던 아버지가 한순간에 세상을 떠나셨습니다. 든 자리는 몰라도 난 자리는 표가 난다는 말처럼 가족들이 느낀 상실감은 이루 말할 수가 없었죠. 줄줄이 딸린 동생들과 혼자되신 어머니를 보면서 처음엔 눈물도 안 나왔는데, 삼일장을 치르고 나니 그제야 눈물이 터졌습니다. '어떻게든 성공할 테니 아버지 나 좀 도와주세요' 엉엉 울면서 빌고 또 빌었습니다."

가난은 그의 마음에 '반드시 성공하겠다'라는 강한 오기와 집념의 씨앗을 심었고, 고등학교를 졸업하자마자 그는 누구보다 먼저 사회라는 치열한 전쟁터의 한복판으로 뛰어들었습니다.

2장. 더 큰 성장을 위한 결단, 광야에 서다

17년간 한 회사에 몸담으며 반도체 장비 기술 분야의 전문가로 성장했지만, 그의 영혼은 더 넓은 세상을 갈망했습니다. 현실에 안주한 듯 더 이상의 비전을 보여주지 못하는 회사는, 그의 뜨거운 야망을 담기에는 너무 좁은 그릇이었습니다.

"저는 제가 가진 기술력에 확신이 있었어요. 기술과 비전이 있으니 무엇이든 할 수 있다는 자신감도 충만했습니다. 재직 중이던 회사에선 승진한다고 해도 마음껏 도전해 볼 기회가 없었어요. 이제 껍질을 깨고 나가야 한다는 결단을 내렸습니다."

그는 안정이라는 울타리를 스스로 걷어차고 자신만의 회사를 세우기로 결심합니다. 서른다섯 청년 사업가의 도전은 무모해 보였지만, 그에게는 안락한 성벽을 부수고 더 넓은 광야로 나아가기 위한 필연적인 선택이었습니다.

3장. 그냥 넘어졌을 뿐, 일어서면 그만

빌린 돈 5,000만 원으로 시작한 길은 고난의 연속이었습니다. 자금은 늘 부족했고, 제품 개발은 번번이 벽에 부딪혔습니다. 하지만 그는 이 시기를 '인생에서 가장 희한했던 시절'이라 부릅니다.

"열심히 하는 건 누구나 할 수 있는 기본 중의 기본, 성공하려면 최고의 전문가가 되어야 한다는 단순한 생각만으로 버텼습니다. 괜찮은 거래처 하나만 계약하고 싶었는데 번번이 안 됐어요. 웬만하면 지칠 법한데, 희한하게도 계속 도전하고 싶었습니다. 실패요? 실패가 뭐 별건가요. 그냥 가다가 넘어진 것이니, 툭툭 털고 다시 일어나면 그만이라고 생각했죠. 그런 생각으로 밤을 새워 연구하고 직원들을 다독이다 보니, 지칠 틈조차 없었습니다."

그에게 실패는 끝이 아니라, 더 나아가기 위한 과정의 일부일 뿐이었습니다. 안 되면 될 때까지 밀어붙인 그의 우직함은, 마침내 국내 굴지의 대기업에 납품하는 협력사로 성장하는 기적을 만들어냈습니다.

4장. 실패는 절대로 결말이 될 수 없어

"긍정적인 성격이 거의 재능에 가까우시다"라는 농담에 허허실실로 웃어 보이는 조정진 대표. 덤덤히 그 비결을 풀어갑니다.

"홀몸으로 자식 다섯을 건사하시는 어머니한테 차마 공부 더 하고 싶단 말은 못 하겠더라고요. 그래도 일찍 돈을 벌 기회가 생겼다고 생각하니 신이 났습니다. 어려서 사회 생활을 시작하면 좋은 게 뭔지 아세요? 모르는 건 모른다, 가르쳐달라 말하기가 참 쉬워요. 그렇게 기술 쌓고 회사에서 인정받고 창업까지 하면서 잘될 일만 남았나 싶었는데, 진짜 시작은 이때부터였어요. 계속 안 되고 거절당하면서 '실패가 뭘까?' 생각해 봤습니다. 실패 그거, 너무 당연한 거였어요. 발명왕 에디슨이 '나는 실패한 것이 아니다. 나는 잘되지 않는 방법 1만 가지를 발견한 것뿐이다'라고 말했는데, 저 역시 마찬가지였습니다. 중요한 건 실패를 하든 성공을 하든 내가 해야 한다는 거죠. 그러니까 실패는 절대로 결말이 될 수 없어요. 수많은 과정 중 하나의 아주 작은 에피소드일 뿐입니다."

실패를 과정으로 여기는 순간, 그에게 실패는 더 이상 두려움의 대상이 아니었습니다.

5장. 다음 세대를 위한 꿈

사회로부터 받은 혜택을 잊지 않고 꾸준히 나눔을 실천해 온 그는, 이제 반도체 기술과는 전혀 다른 새로운 꿈을 꾸고 있습니다. 바로 '가족 중심의 레저 문화'를 만드는 것입니다.

"바쁜 아빠와 아이들이 함께 요트를 타고 낚시를 즐기며 진정으로 소통하는 공간, 그런 건강한 가족 중심의 레저 문화를 만들고 싶습니다.”

이 꿈은 그가 치열하게 살아오느라 온전히 누리지 못했던 '가족과의 시간'에 대한 그리움에서 비롯되었습니다. 자신이 갖지 못했던 행복한 시간을 이제는 다른 가족들에게 선물하고 싶다는 그의 꿈에서, 세상을 향한 따뜻한 진심이 느껴집니다.

6장. 얘들아, 하면 다 돼

그는 자녀들에게 세상이 정해준 길이 아닌, 스스로의 길을 선택하고 도전하는 용기를 가지라고 가르칩니다.

“아이들의 학교 생활이 궁금하여 상담 주간에 담임선생님을 찾아뵌 적이 있습니다. 아이가 커서 무슨 일을 하면 좋으시겠냐는 선생님의 질문에 ‘그런 건 없다’라고 잘라 말씀드렸어요. 자신이 걸어야 할 길은 스스로 알아보고 선택할 줄 알아야 한다고 생각합니다. 그 길을 얼마든지 넓히고 다듬는 것은 아이들의 몫이죠.”

‘자립심’과 ‘적응하는 힘’을 강조하는 그의 교육 철학은, 결국 ‘선택하는 삶’이라는 자신의 인생 주제와 맞닿아 있습니다. 아버지로서, 그리고 인생의 선배로서 그가 건네는 “하면 다 된다”라는 단순하지만 힘 있는 격려는, 그의 모든 경험에서 우러나온 가장 진솔한 응원입니다.

7장. 차분한 이별 준비, 그래도 책을 든다

만약 인생의 마지막 6개월이 주어진다면, 그는 조용히 삶을 정리하고 가족들과 차분히 이별을 준비하겠다고 말합니다. 그리고 그 마지막 시간을 '책'과 함께 보내고 싶다는 소망을 덧붙입니다.

"한적한 시골에 내려가서 못다 읽은 책을 읽고, 아직 기운이 좀 남았다 싶으면 제 인생도 책으로 써보고 싶어요. 그동안 현장에서 지식을 얻었고, 책은 저에게 깊이를 더해주었습니다. 책에 진 빚이 많으니, 저도 제 인생을 담은 책 한 권을 세상에 남기고 가면 좋지 않을까요? 제 이야기가 감동은 몰라도, 재미는 좀 있을 겁니다."

평생 기술을 만들고 회사를 일으키는 '창조'의 삶을 살아온 그가, 인생의 마지막 장을 '지혜의 기록'으로 마무리하고자 하는 것입니다. 이는 성공을 넘어 '의미 있는 삶'을 완성해 가는 그만의 방식입니다.

8장. 기술은 사람을 향할 때 완성된다

반도체 장비는 미크론 단위의 오차도 용납하지 않습니다. 조정진 대표는 그래서 기술의 완성 = 사람·공정·데이터의 삼각

형이라 말합니다.

그의 하루는 24시간 깨어있고, 데이터로 검증되고, 다시 사람에게 돌아옵니다.

- 사람 : "실패한 설계가 아니라, 아직 학습이 덜된 팀일 뿐이다." 그는 실수를 죄가 아닌 학습의 이벤트로 정의한다.
- 공정 : 장비 사양표보다 공정 조건표를 더 중시한다. 공정은 고객의 현실이고, 사양은 우리의 주장일 뿐이기 때문이다.
- 데이터 : '감(感)'을 존중하되 결론은 수치로 낸다. MTBF, Cpk, 택타임, FDC 로그를 매일 읽는다.

그는 장비 출하의 최종 버튼을 영업이 아니라 품질 책임자가 누르는 문화로 바꿨습니다.

"한 번의 무리한 출하가 1년의 신뢰를 깎아 먹는다. 우리는 검증이 끝난 약속만 나간다."

최고의 기술은 결국 사람을 번거롭게 하지 않는 기술. 그의 장비는 '더 빠르고 정확한 생산'뿐 아니라 현장 엔지니어의 주말을 지켜주는 장비여야 했습니다.

"기술의 마지막 고객은 늘 사람입니다. 그래서 우리는 편의·안전·복구성을 성능만큼 설계합니다."

"선택의 자유는 돈이 아니라 시간의 주권에서 온다."

가난이 그의 선택지를 지웠던 시절을 기억하기에, 그는 회사가 성장할수록 자신의 삶을 포트폴리오로 재편했습니다.

- 일(Work) : '가장 어려운 고객' 20%에 역량의 60%를 쓴다. 어려운 문제를 풀어야 기술이 자란다.
- 가정(Family) : 주 1회 '무알람 저녁' — 핸드폰을 서랍에 넣고 가족과 식탁을 지킨다.
- 나눔(Service) : 장학 · 창업 멘토링은 지출이 아니라 미래 수익의 선지급이라 부른다.
- 놀이(Play) : 요트 · 낚시 레저 플랫폼의 파일럿을 직접 운영한다. "가족이 함께 노는 법을 서비스로 설계하겠다."

그의 다이어리 첫 장에는 짧은 문장이 적혀 있습니다.

"시간을 구하지 말고 설계하라. 설계된 시간만이 선택을 가능하게 한다."

그에게 성공은 일을 줄이는 것이 아니라, 의미가 큰 일에 시간을 몰아주는 힘이었습니다. 선택지는 저절로 늘어나지 않습니다. 실력과 신뢰가 선택지를 만듭니다. 그의 결론입니다.

10장. 다음 세대에게 남기는 설계도

"장비는 세대가 바뀌면 구형이 되지만, 원칙은 세대를 건넌다."

그는 회사를 '사람이 성장하는 공장'으로 남기기 위해 마지막 설계를 적습니다.

1. 경영 5원칙

1) 월급날 불가침 : 어떤 위기에도 임금·안전 투자 우선.

2) 품질 결재선 : 출하 최종 승인은 영업이 아닌 품질 책임자.

3) 데이터 공개 : 월간 품질·원가·안전 지표를 전 직원과 공유.

4) 현장 우선 : 임원 주 1회 라인 라운드, '데스크 보고'만으론 결론 금지.

5) 윤리의 비용화 : 편법으로 줄인 1원의 이익은 재무상 손실로 기록한다.

2. 기술 철학 4문장

1) 가장 단순한 해법이 유지보수비를 가장 적게 만든다.

2) MTTR(복구시간)을 줄이는 설계가 MTBF(고장간격)을 늘리는 첫걸음이다.

3) 자동화는 사람을 대체하는 기술이 아니라 사람을 고부가가치로 이동시키는 기술이다.

4) 고객의 공정 데이터가 우리 설계의 스펙이다. ─ 우리가 고객을 가르치지 않는다, 고객이 우리를 가르친다.

3. 사람에 대한 약속

- 신입 3년 차까지는 '실패 무과실' 제도 : 시도와 기록이 있으면 실패는 평가 항목이 아니다.
- 사내 '장비 의사(Doctor)' 트랙 신설 : 최고의 엔지니어는 관리직으로 밀어 올리지 않고 전문가로 존중한다.
- 퇴사자를 동료로 : 떠나는 이에게 레퍼런스·네트워킹을 적극 제공한다. "함께한 시간은 자산이다."

4. 삶의 문장 7가지(아이들에게)

1) 하면 다 된다. ─ 단, 충분히 오래 하면.

2) 남 탓은 쉽고, 원인 분석은 어렵다. 어려운 것을 해라.

3) 돈을 좇기보다 문제를 좇아라. ─ 돈은 문제의 뒤를 따른다.

4) '고생'이 아니라 '기술'을 적립하라. ─ 기술은 이자율이 높다.

5) 도움이 필요할 때 도움을 청하는 용기를 배워라.

6) 배운 것을 누군가의 시간으로 돌려주면 지식이 지혜가 된다.

7) 마지막 질문 : "이 선택이 사람을 편하게 하는가?"

그는 미소로 마침표를 찍습니다.

"가난이 내 선택지를 지웠지만, 기술이 내 선택지를 만들었습니다. 이제 나는 다음 세대가 더 빨리, 더 넓게 선택할 수 있도록 난간을 단단히 남깁니다.”

그에게 성공은 ‘이룬 것’의 목록이 아니라, 선택할 자유를 다음 사람에게 건네는 일입니다. 그리고 그 자유를 가능하게 한 단어 하나 – 끝까지 버틴 전문성.

에필로그

조정진 대표는 ‘선택할 수 없었던’ 한 소년이 어떻게 자신의 두 주먹으로 세상과 맞서 ‘인생의 선택권’을 당당히 쟁취해 내는지를 보여주었습니다. 그는 실패를 두려워하지 않았고, 가장 자신 있는 분야에 모든 것을 걸었으며, 마침내 스스로의 힘으로 인생의 주인이 되었습니다.

“살고 싶다면 죽을 각오로 살아라. 넘어진 걸 두려워하지 마라. 일어날 용기만 있다면, 인생은 언제나 다시 시작할 수 있다.”

그가 자신의 삶으로 증명해 낸 이 말들은, 이제 다음 세대에게 삶의 무한한 가능성을 제시하는 희망의 등대가 되었습니다. 가족을 위한 레저 문화 조성을 꿈꾸는 그의 두 번째 항해에 또 어떤 거친 파도가 닥칠지 모릅니다. 하지만 우리는 이제 걱정하지 않습니다. 그는 설령 돛이 꺾이는 세찬 바람을 만나더라도,

기어이 다시 돛을 세워 앞으로 나아갈 사람이라는 것을 잘 알기 때문입니다.

조정진 대표의 성공 철학

항목	내용
1. 성공 요인	자신 있는 기술 분야에 집중, 과감한 창업 결단
2. 사업 성공 노하우	최고의 기술력 확보, 집념과 리더십, 연구 중심 경영
3. 원칙과 습관	끝까지 문제를 해결하는 집중력과 끈기, 팀원 존중
4. 성장 배경	고졸, 가장으로서 어려운 형편에 앞당긴 사회 진출
5. 성공 분야	반도체 제조 장비, 레저 복합산업 계획 중
6. Insight	절실함, 집중력, 프로의식, 끊임없는 도전의 중요성
7. 성현/명사	뜻이 크면 길이 저절로 열린다 – 공자 성공은 열정을 잃지 않고 실패에서 실패로 걸어가는 것이다 – 윈스터 처칠

한길을 걷다

평범함을 비범함으로 바꾼 장인들

끝없는 도전,
그래도 끝까지 간다

프롤로그

하지 말라는 말을 들으면, 오히려
더 하고 싶어지는 '청개구리' 같은 현
상을 심리학에선 '반대 심리(反對心理)'
라고 이릅니다. 아버지의 심한 반대를
무릅쓰고 세상의 즐거움 대신 교회로
향했던 김광선 대표. 그의 유년 시절
은 '믿음'이라는 단 하나의 가치를 삶

의 중심에 세우는 시간이었습니다. 진실한 믿음의 뿌리를 내린 소년은 훗날 자신의 기술로 대한민국 자동차 부품 시장의 80%를 점유하는 기업의 대표가 되었습니다. 반대 심리가 발동한 청개구리에 머물지 않고, 굳건한 믿음으로 세상에 감동을 전한 그의 이야기가 지금 시작됩니다.

1장. 핍박 속에서 더 단단해진 믿음

전남 해남의 작은 시골 마을, 김광선 대표의 유년 시절은 '신앙'을 지키기 위한 투쟁의 시간이었습니다. 아버지의 반대는 상상을 초월했지만, 그 핍박은 오히려 그의 믿음을 강철처럼 단련시켰습니다.

"그때는 친구들과 어울리는 것보다 목사님 말씀을 하나라도 더 듣고 두 손 모아 기도드리는 게 훨씬 좋았습니다. 그러다 정말 뜨거운 성령의 역사를 체험했고, 이후로는 세상의 어떤 반대나 핍박도 두렵지 않았습니다."

그에게 신앙은 스스로의 의지와 체험으로 얻어낸 삶의 가장 단단한 뿌리였습니다. 이때부터 그가 정한 삶의 원칙, "시작한 일은 끝까지 간다"라는 그의 인생 전체를 관통하는 나침반이 되었습니다.

서울로 올라와 사회생활을 시작한 그는 첫 월급을 받은 날, 봉투째 하나님께 헌금하는 것으로 간절함을 표현했습니다.

"사회에서 얻은 첫 번째 열매를 가장 먼저, 온전한 상태로 하나님께 드리고 싶었습니다. 직장을 구할 때도 저에게는 단 하나의 원칙이 있었습니다. 바로 '주일 예배를 지킬 수 있는 곳'이어야 한다는 것이었죠."

신앙을 삶의 최우선 순위에 두고, 그 가치를 지킬 수 있는 환경을 스스로 만들어간 그의 태도는 이후 모든 경영 활동의 기준이 되었습니다.

3장. '소명의식'으로 일하는 직장인

받은 만큼 일하고 때 되면 퇴근하는 직장인도 많지만, 그는 직원으로 일할 때도 월급만 받으면 된다는 생각을 해본 적이 없습니다. '하나님께서 내게 맡기신 일'이라는 소명의식을 갖고 임했던 그의 진실한 태도는, 동료와 경영진에게 깊은 신뢰를 주었습니다.

"퇴근 시간이 되면 다들 집으로 향할 때, 저는 한 번 더 기계를 돌아보고 내일 할 일을 미리 점검했습니다. 누가 시켜서 한 일은 아니었어요. 이 기계와 업무가 모두 하나님께서 저에게 허락하신 귀한 선물이라고 생각하니, 허투루 대할 수가 없었습니다. 그렇게 내 일처럼 여기고 매달리다 보니 조금씩 기술과 노하우가 쌓였고, 무엇보다 '저 친구에게 맡기면 뭐든 확실하다'라는 믿음을 줄 수 있었습니다. 돌이켜보면 그때 이미 저는 제 사업을 하고 있었던 셈입니다."

자연스레 회사의 주요 업무를 도맡게 된 그는, 이 시기에 쌓은 경험과 신용이 훗날 창업의 가장 중요한 발판이 되었다고 회상합니다.

4장. 하나님 앞에서, 진짜 주인이 되기로 결심하다

서울의 한 제조사에서, 그는 누구보다 인정받는 직원이었습니다. 해외 연수도 마다하지 않았고, 새로운 기계 도입에도 가장 먼저 손을 들 만큼 열정적이었습니다. 회사에서의 노력을 통해 대기업들과 깊은 신뢰를 쌓았고, 해외 바이어들도 그를 믿고 따랐습니다. 하지만 그의 마음속에는 더 큰 비전이 자라고 있었습니다.

"회사에서 인정받는 것도 좋았지만, 하나님 앞에서 모범적으로 살아가는 신앙인의 삶이 제 진짜 원동력이었습니다. 나는 지금까지 정직하게 살았고, 남의 회사를 주인의식으로 도왔지만 이제는 내가 진짜 주인이 되어 이 가치를 더 크게 실현하고 싶다는 생각이 강해졌습니다."

그를 움직인 것은 연봉이나 직급이 아닌, 더 큰 나눔에 대한 비전이었습니다. 그는 모두가 부러워하던 안정된 길을 떠나, 새벽 기도 중 떠오른 아이디어와 하나님이 주신 지혜로 제품을 개발해 나갔고, 마침내 국내 자동차 3사에서 80%에 가까운 점유율을 차지하는 독보적인 기술 기업을 일구었습니다.

"성공은 우연이 아니라, 사람과 신뢰, 그리고 진심을 향한 결단에서 시작됩니다. 저는 직원이 아닐 때도 주인처럼 일했고, 이제는 직원들이 회사를 주인처럼 여기는 곳으로 만들기 위해 노력합니다."

5장. 진심은 가장 확실한 계약서

그의 진짜 무기는 눈에 보이는 기술이 아닌, 보이지 않는 '진심'과 '신뢰'였습니다.

"저는 신앙을 통해 배운 정직함과 진실함을 사업에서도 그대로 지키려고 노력했습니다. 당장 손해를 보더라도, 길게 보면 이것이 가장 확실한 길이라고 믿었기 때문입니다."

이러한 그의 태도는 국내 굴지의 섬유 기업인 효성의 마음을 움직여 '십자 모노사'를 함께 개발하는 성공적인 파트너십으로 이어졌고, 이는 다른 대기업들과의 독점 계약을 이끌어 내는 강력한 발판이 되었습니다.

그는 제품을 판 것이 아니라, 자신의 진심과 신뢰를 팔았던 것입니다. 그리고 시장은 그의 진심에 가장 확실한 계약으로 응답했습니다.

6장. 나눔은 직원의 행복에서부터

김광선 대표의 '나눔'은 가장 가까운 곳, 바로 직원들의 행복에서 시작됩니다. 명절 보너스, 자녀 대학 입학금 지원, 도수치료 복지 제공 등 '사람 중심'의 경영을 묵묵히 실천하고 있습니다.

"제가 처음 읽었던 위인전이 미국의 철강왕 앤드류 카네기의 전기였습니다. 굴곡진 삶을 딛고 그가 남긴 말 중에 '부를 안고 죽는 것은 수치스러운 일'이라는 문장이 오랫동안 기억에 남았어요. 카네기가 재산을 기부하는 부자의 표준을 세운 것처럼 저도 손에 쥔 걸 모두 나누고 싶습니다."

그는 회사를 통해 얻은 성공은 반드시 함께 땀 흘린 직원들과 나누어야 한다고 강조합니다. 변치 않는 그의 경영 철학이 직원들의 일과 가정을 든든히 받쳐줍니다.

7장. 끝까지 포기하지 않는 마음, 삶으로 증명한 원칙

김광선 대표의 삶을 관통하는 가장 중요한 원칙은 '끝까지 포기하지 않는 마음'입니다.

"저는 '시작한 일은 끝까지 한다'라는 것을 제 삶의 가장 큰 원칙으로 삼아왔습니다. 어떤 일이든 마찬가지입니다. 도중에 그만두는 것만큼 허무한 것은 없다고 생각합니다."

아버지의 반대에도 굴하지 않았던 신앙, 수많은 시행착오 끝에 얻어낸 기술, 그리고 안정된 직장을 떠나 맨손으로 일군 기업까지. 그의 인생은 '끈기와 인내'가 만들어낸 위대한 결과물이었습니다. 그는 어려움을 피하는 대신, 그것을 껴안고 나아가는 것이 훨씬 더 값진 선택임을 스스로의 삶을 통해 증명해 보였습니다.

8장. 남은 삶에 대한 태도

김광선 대표의 남은 삶은 어떻게 채워질까요? 그는 거창한 계획 대신, 작고 따뜻한 실천을 이야기합니다.

"부를 더 쌓는 것보다 중요한 것은, 오늘 주어진 삶 속에서 가족과 이웃에게 아낌없이 베푸는 것이라고 생각합니다. 대단한 유산을 남기기보다, 매일의 삶 속에서 따뜻한 기억 하나를 더 만드는 것. 그것이 제가 바라는 남은 삶의 모습입니다.”

그에게 성공은 결과가 아닌, 매일의 성실한 과정 그 자체입니다.

9장. 감사의 삶, 가족이라는 선물

그는 자녀들에게 항상 “감사하며 살자”고 말합니다. 특별한 날 온 가족이 함께 모일 수 있는 무탈함, 자녀들이 바르게 자라준 기쁨 등 이 모든 평범한 일상이 그에게는 감사의 이유입니다.

“오늘을 살고 있지만 내일이 당연히 오는 것은 아니죠. 그러니까 저는 주어진 오늘을 열심히 살면서 선물 같은 가족에게 한 번이라도 더 감사를 표현하며 살고 싶어요. 아이들에게도 이렇게 살아가길 바란다고 자주 이야기합니다.”

그는 신앙의 기초 위에 감사를 쌓아가는 것이야말로 가장 큰 축복임을 항상 되새깁니다.

10장. 마지막까지 순리대로, 그저 조용히

만약 마지막 시간이 주어진다면, 그는 지금처럼 신앙 안에서 순리대로 살아가고 싶다고 말합니다.

“세상이 보기에는 제가 무언가 이룬 것처럼 보일지 모릅니다.

하지만 저는 그저 하나님께서 허락하신 길을 걸어왔을 뿐입니다. 마지막 순간 역시 요란할 필요 없이, 평범한 일상 속에서 감사하며 조용히 그분의 품으로 돌아가고 싶습니다. 그것이 제가 생각하는 가장 평안한 마무리입니다.”

자신을 세상에 내보낸 창조주의 품으로 돌아가고자 하는 그의 고백은, 이 시대에 진정한 평안이 무엇인지를 깊이 생각하게 합니다.

에필로그

김광선 대표에게 성공은 기업의 규모나 매출의 숫자가 아니었습니다. “하나님 앞에서 진실했는가”, “가족과 이웃에게 감사하며 나누었는가”라는 질문에 자신 있게 “예”라고 답할 수 있는 삶, 그것이 곧 그의 성공이었습니다. 성공은 목표가 아니라 흔들림 없이 걸어가는 과정 그 자체라는 그의 목소리가 유독 선명하게 들립니다. 그가 말하는 성공의 정의가 어디서든 또렷하게 잘 들려오길 계속해서 귀를 기울이겠습니다.

★ ★ ★ ★ ★

김광선 대표의 성공 철학

항목	내용
1. 성공 요인	신앙에 뿌리를 둔 정직한 삶 믿음은 계단 전체가 보이지 않아도 첫 걸음을 내딛는 것이다
2. 사업 성공 노하우	기술개발+인간관계
3. 원칙과 습관	새벽기도, 주일 성소, 감사의 습관
4. 성장 배경	전남 해남 출신, 신앙 중심 가정
5. 성공 분야	자동차 부품(벨크로 등) 기술 및 특허
6. Insight	사람보다 하나님을 먼저
7. 성현/명사	마음을 닦으면 하늘의 이치와 합한다 – 다산 정약용 무언가를 받을 때 감사하라. 그것이 행복의 시작이다 – 알버트 슈바이처

프롤로그

"제가요? 저는 그냥 '보통 사람'인데요."

성공의 정의를 묻는 질문에, 그는 자신을 낮추는 것으로 답을 시작합니다. 하지만 김대주 대표의 삶은 부와 명예라는 통상적인 잣대를 넘어섭니다. 자신이 원하는 길로 나아갈 용기를 내고, 몸과 마음이 내는 소리에 끝

까지 귀 기울이는 삶. 어머니의 숭고한 희생 위에서, 그는 외적인 성취 이상의 인생을 써 내려가고 있습니다. 죽는 날까지 '연주하고 노래하는 나'로 살고 싶다는 그의 이야기가, 우리에게 플레이리스트 속 위로의 음악처럼 다가옵니다.

1장. 가난 속의 품격, 사랑 속의 성장

경북 대구에서 태어난 그는 1993년 초등학교 2학년 때 교통사고로 아버지를 여의었습니다. 평범했던 가족의 행복은 한순간에 무너졌고, 혼자가 된 어머니는 전업주부의 삶을 뒤로한 채 가장의 역할까지 감당해야 했습니다. 아이들을 양육하는 것뿐만 아니라 자기 자신의 성장까지 소망했던 어머니는 교육학을 전공하여 기간제 교사라는 새로운 길을 개척하며 삼 형제를 키워냈습니다.

"제 어머니지만 참 대단하신 분이죠. 하루아침에 남편을 보내고 생때같은 자식 셋만 남았으니 그 심정이 오죽하셨겠어요. 원래 사회 생활을 하시던 분이 아닙니다. 남편이 주는 생활비로 알뜰살뜰 살림하고 아이들 키우던 전업주부가 갑자기 공부하고 시험에 합격해 교사라는 직업을 얻은 거죠. 주변에서 재혼해라, 애 하나라도 멀리 보내라, 온갖 말을 보태며 어머니를 괴롭혔지만 단 한 번도 저희 형제 앞에서 내색하지 않으셨어요. 모든 설움을 속으로 삼키고 묵묵히, 그러나 단단하게 자신의 길을 걸어가는 어머니를 보고 자라며, 삶을 대하는 태도를 배웠습니다."

2장. 책임감이 만든 청춘의 근력

어머니를 향한 깊은 감사와 장남으로서의 책임감. 그는 방황할 새 없이 동생들을 돌보며 성장했습니다.

"반항기라는 게 딱히 없었습니다. 제가 흔들리면 우리 가족 전체가 흔들린다는 걸 너무 일찍 알아버렸으니까요. 그 무게가 버겁지 않았다면 거짓말이겠지만, 돌아보면 그 책임감이야말로 제 청춘을 지탱해준 가장 단단한 근력이었습니다. 대학에 가서야 비로소, 그 책임감 곁에 '나 자신'을 위한 자리를 처음으로 내어줄 수 있었죠."

경북 구미에서 유년 시절을 보낸 그는 다시 대구로 돌아와 대학에 진학했습니다. 자신을 억눌렀던 성장기의 모든 무게를 한부모 가정의 장남이 받아들여야 할 숙명이자 사명으로 여겼던 그는 대학에서 인생의 큰 전환점을 맞이합니다.

3장. 기타, 나의 유일한 언어

"악기에 대한 감각은 어릴 때부터 뛰어났어요. 피아노와 바이올린을 배웠는데 타고난 듯 잘했고, 나한테는 크게 어렵지도 않은데 연주만 하면 다들 잘한다고 하시니 재밌어서 더 열심히 했죠. 그러다 대학에 가서 운명 같은 악기를 만났어요. 우연히 친구의 기타를 잡았는데 묵직한 바디와 섬세한 소리가 순식간에 저를 빠져들게 했습니다. 악보는 볼 줄도 모르면서 무작정 코드를 눌러 소리를 내보니 마음이 요동치기 시작했어요. 정말 희한하고 특별한 경험이었죠."

그는 자신의 즉흥과 쌓아왔던 감정을 전하는 도구로서 이보다 더 완벽한 악기가 없음을 직감했습니다. 연습, 또 연습, 그리고 계속 연습. 하루 종일 기타를 쳐도 질리지 않았고 손끝의 통증도 연주를 해야지만 풀리는 느낌이었습니다. 머릿속에 떠다니는 멜로디를 기타로 찾아내는 과정은 마치 내면의 감정을 언어 대신 음악으로 꺼내는 일과도 같았습니다. 그렇게 삶을 버텨내는 도구이자 존재를 증명하는 일생의 친구로 기타를 만난 것입니다.

수많은 자기계발서와 성공담에서 "대중적인 성공에는 반드시 '집요함'이 필요하다"라는 이론이 등장하곤 합니다. 그는 이 말을 가슴에 늘 새기고 연습과 열정을 넘어 음악을 '연구'해 왔습니다. 운명적인 기회가 주어져도 단순히 '운'으로 여기고, 설령 놓치더라도 아쉬워하지 않는 느슨함을 경계하며 자신을 단련시켰습니다.

"한창 피아노를 배울 때 듀크 엘링턴(Duke Ellington)의 음악을 많이 들었고, 이분의 인터뷰를 찾아보곤 했어요. '인생에는 단 두 가지 규칙만이 존재한다. 첫째 절대로 포기하지 말 것, 둘째 첫 번째 규칙을 절대 잊지 말 것'이라는 말을 남겼는데, 이 말이 가슴에 와닿았습니다. 무언가를 좋아하고 잘하고 싶어 연습하는 건 누구나 할 수 있어요. 오며 가며 칭찬도 듣고 가끔 돈도 벌게 되면 우쭐해지죠. 가장 중요한 건 세상의 반응이 없을 때도 계속하는 겁니다. 한창 들떴다가 고요하다고 포기하면 안 됩니다. 누가 저에게 성공했다 하면 저는 말하고 싶어요. 제 성공은 운에 실력을 더했고, 태도를 겸비한 결과라고요. 집요하게 기타를 잡고 늘어진 덕분에 오늘이 있는 거죠."

무수한 반복과 몰입을 통해 압도적인 실력을 쌓은 결과, 마침내 기회가 찾아왔고 준비된 사람으로서 그는 기회를 붙잡았습니다.

5장. 세상과 대화하는 마음

그는 후배들에게 편견 없는 눈으로 세상을 바라볼 것을 강조합니다. 나이대와 성별이 다른 사람들을 배척하지 않는 포용심, 사회적 약자에 대한 존중, 그리고 기성세대로서의 책임감을 말하는 그의 메시지는 기타의 선율처럼 강하면서도 따뜻한 울림을 줍니다.

"다름이 틀림이 아님을 인정한다는 것이 참 어렵습니다. 하지만 다르다고 대립하기보다, 서로의 다름이 어우러질 때 더 아름다운 화음이 만들어진다고 믿습니다. 내가 몰랐던 사람과 세상을 마주할 때, 여유를 갖고 허심탄회하게 대화하는 마음을 가지면 좋겠습니다."

6장. 어머니와 함께 이룬 위대한 여정

자신의 인생을 '성공자의 삶'으로 정의하는 데 주저했던 김대주 대표는 어머니를 이야기할 때 비로소 겸허한 미소를 지으며 고개를 끄덕였습니다. 그의 삶에서 가장 큰 스승이자 길잡이는 단연 어머니였습니다.

"저희 삼 형제를 홀로 키워내면서도 어머니는 결코 자신을 잃지 않으셨습니다. 따뜻하면서도 당당하신 그 모습 자체가 귀감이 되었죠. 특히 저는 어머니의 인생 여정을 무척이나 따르고 싶었어요. 삶이 뜻대로 흘러가지 않더라도 주저앉지 않는 법을 배웠고, 어머니 덕분에 심지가 곧은 사람이 될 수 있었습니다."

그에게 어머니는 삶의 이유이자 자존감의 원천입니다. 지금도 무대 위에 설 때마다 마음 한가운데 어머니가 계시다는 그의 선한 눈이 어쩐지 어머니를 꼭 닮았을 것이라 생각해 봅니다.

7장. 나의 음악, 나의 오랜 꿈

그의 남은 꿈은 자신만의 음악 앨범을 내는 것입니다.

"저에게 앨범은 단순한 노래 모음집이 아니라, 저의 자서전과도 같은 것이죠. 아버지에 대한 그리움, 어머니의 위대한 사랑, 기타를 처음 만났을 때의 전율… 제 삶의 모든 희로애락을 열 개의 트랙에 담아, '이것이 나의 삶이었다'라고 세상에 오롯이 들려주고 싶습니다. 그것이 제 삶에 대한, 그리고 저를 지탱해 준 모든 것에 대한 저의 대답이 될 겁니다."

그는 드럼과 건반, 베이스를 아우르는 악기를 직접 연주하며 10곡 이상 자작곡을 세상에 내놓으려 합니다. 자신에게 종교이자 정체성이며 살아가는 이유가 됐던 음악을, 이제는 사람들에게 '선물'처럼 들려주고 싶다는 그의 계획이 빨리 실현되길 기대해 봅니다.

8장. 인연을 기다리며, 삶의 동반자를 찾다

오랜 시간 음악과 함께 홀로 걸어온 그는 이제 삶의 반려자를 만나고 싶다고 고백합니다.

"음악은 저의 오랜 동반자였습니다. 제가 침묵할 때도 저를 이해해 주었죠. 하지만 이제는 그 침묵의 의미를 함께 나눌 수 있는 사람을 만나고 싶습니다. 제 음악 속의 상처와 환희를, 그저 소음이 아닌 이야기로 들어줄 수 있는 단 한 사람을 기다리고 있습니다."

9장. 죽음 앞에서도 멈추지 않을 노래

만약 6개월의 시한부 선고를 받는다면, 그의 선택은 명확합니다.

"시간이 얼마 남지 않았다면, 오히려 더 자주 무대에 서고 더 절박하게 곡을 쓸 겁니다. 모든 공연은 저의 고별 무대가 될 것이고, 모든 노래는 저의 유언이 되겠죠. 그리고 남은 모든 시간은 어머니와 함께 보내며, 모든 주제에 대해 깊은 대화를 나누고 싶어요. 그러면서 음악으로는 다 표현할 수 없었던 감사의 마음을 전하고 싶습니다."

삶의 끝자락에서도 그는 나눔과 표현을 멈추지 않을 것입니다.

어릴 때부터 악기를 배웠고, 성인이 되어 음악을 즐기며 업으로 삼게 된 그를 친구들은 '풍류 인간'으로 부른다고 합니다. 자신의 별명을 말하며 유쾌하게 웃는 그에게 인생에서 가장 중요한 세 가지를 물었습니다.

"가장 중심에는 흔들리지 않는 '나', 자신이 있어야 합니다. 그리고 저 자신을 가장 잘 표현하는 것이 바로 '악', 음악이라는 열정이죠. 하지만 열정만으로는 살 수 없잖아요. 그 열정을 지키고 현실을 살아가게 하는 '업', 직업이라는 단단한 기반이 필요합니다. '나', '악', '업'. 이 세 단어는 저 자신을 지탱하는 삼각대와 같아서, 어느 하나라도 없으면 온전히 바로 설 수 없습니다."

에필로그

김대주 대표의 인생은 한 편의 교향곡과도 같습니다. 상실의 아픔, 어머니의 사랑, 그리고 꿈을 향한 집요함이 어우러져 아름다운 선율을 만들어냈습니다.

"살아있는 한 삶은 끝나지 않은 이야기이자 노래입니다. 음악처럼 삶에도 다음 악장이 존재하죠. 그 악보는 지금부터 스스로써 내려가야 합니다. 절대 자신을 버리지 마세요. 미완으로 두

거나 치우지 마세요. 당신만의 멜로디를 언젠가 꼭 세상에 들려주세요. 완벽한 화음이 아니어도 되고, 장엄한 악곡이 아니어도 됩니다. 소리를 낸다면 그 자체로 이미 악보는 완성된 것이니까요."

누구나 자기 삶의 주인이 되어 희망의 멜로디를 연주할 수 있다는 그의 마지막 당부가, 우리 모두의 삶을 향한 따뜻한 응원가로 들려옵니다.

★ ★ ★ ★ ★

김대주 대표의 성공 철학

항목	내용
1. 성공 요인	어머님의 사랑과 희생이 가장 큰 자산이자 원천 집요하게 음악에 몰입하며 자신을 잃지 않은 태도
2. 사업 성공 노하우	반복과 몰입을 통한 실력의 축적, 기회가 왔을 때 준비된 태도 음악을 '연구'하고 분석하고 훈련한 집요함
3. 원칙과 습관	세상의 반응이 없어도 꾸준한 연습과 자기 신념을 지켜냄 사람과 세상을 편견 없이 바라보고 대화로 소통
4. 성장 배경	어린 시절 아버지를 잃고, 어머니의 숭고한 희생 속에서 성장 장남으로서 책임감과 형제애, 어머니의 자기계발과 본보기의 삶
5. 성공 분야	뮤지션, 음반 서비스 사업 거리의 기타리스트에서 시작하여 창작과 연주의 예술가형 기업가
6. Insight	부모의 사랑과 희생은 세상 그 어떤 자산보다 강력하다 열정은 단순한 좋아함이 아니라 열정과 반복, 몰입이 만나야 진짜다
7. 성현/명사	군자는 자신을 이겨내어 예에 합하면 인(仁)이라 한다 – 공자 성공은 준비와 기회가 만나는 순간에 탄생한다 – 세네카

오직 일류를 향한 여정, 각자도생의 철학

프롤로그

"가족이라도 각자도생(各自圖生)해야 합니다."

인터뷰 내내 김병학 대표가 가장 힘주어 말한 단어입니다. 차갑게 들릴 수도 있는 이 말 속에는, 사실 그 누구보다 뜨겁게 가족과 직원을 책임져야 했던 한 가장의 전쟁 같은 삶이 녹아 있습니다. 경찰 아버지를 따라 잦

은 이사를 다녔던 소년 시절부터, 오직 기술력과 생존 본능으로 글로벌 기업을 일구기까지. 그의 이야기는 냉철한 현실 인식과 처절한 책임감이 어떻게 한 인간을 '오직 일류'로 만드는지를 보여줍니다.

1장. 전학만 네 번, 어디서든 피어나는 법을 배우다

경찰 공무원이었던 아버지를 따라, 그의 유년 시절은 '이동'의 연속이었습니다. 초등학교만 네 번을 옮겨 다녀야 했던 그는, 정붙일 만하면 떠나기를 반복하는 환경 속에서 스스로 적응하고 자립하는 법을 일찍부터 체득했습니다.

"잦은 전학 때문에 친구들과 깊은 우정을 나누긴 어려웠지만, 농촌과 산골을 오가며 만난 친구들은 모두 검소하고 따뜻했습니다. 훗날 새로운 일에 도전할 때 망설이지 않을 수 있었던 것은, 어쩌면 이 시절의 경험 덕분인지도 모릅니다."

이 무렵 과학자를 꿈꾸던 소년은 점차 기술자의 길로 눈을 돌렸고, 고등학교 시절부터 언젠가 내 사업을 하겠다는 비전을 품었습니다.

경찰관이었던 아버지의 총을 보고 자라 총과 무기에 관심이 많았던 그는 전주공고 기계과를 졸업하고 당시 개교한 전주공업전문학교(현 전주비전대)에서 실력을 쌓았습니다. 이후 총기 제조업체에서 사회생활을 시작하며 다양한 직장 경험을 통해 사업의 기초를 닦았습니다.

"회사에서 정밀기계를 설계하고 만드는 일을 했는데, 무기 생산에 필요한 정밀 가공기계도 만들었어요. '정밀 주조'라는 이름에 걸맞게 미세한 기포조차 용납하지 않는 고도의 기술력을 요하는 작업이죠. 경쟁사에서 계속 스카우트 제의가 오면서, 세상이 인정할 만한 기술이 내 안에 쌓였다는 확신이 들었습니다. 어릴 때부터 사업가를 꿈꿨던 저는, 드디어 때가 왔음을 직감했죠. 누구의 회사가 아닌, 바로 내 회사를 차려야겠다고 결심했습니다."

뛰어난 기술력, 기회를 포착하는 판단력, 그리고 결심 즉시 움직이는 실행력. 이 세 가지 무기를 들고 그는 1992년, 7명의 직원과 함께 자신의 회사를 설립했습니다.

3장. "라떼는 말이야"가 아닌, 진짜 현실 조언

수많은 직원과 부대끼며 사람의 가치를 누구보다 깊이 체감한 김병학 대표. 그는 기업의 가장 소중한 자원은 결국 '사람'이라고 강조합니다. 특히 다음 시대를 이끌어갈 젊은 세대를 향한 그의 시선은, 애정이 있기에 더욱 냉철합니다. 그가 건네는 쓰지만 약이 될 조언에 귀를 기울여 봅니다.

"요즘 말로 '라떼는 이랬다'라며 폼을 잡고 싶진 않습니다. 하지만 이전 세대에 비해 젊은 친구들의 정신력이 많이 약해졌다고 생각해요. 부모 세대의 과잉 보호가 자녀 세대의 자립심을 해치기도 했고, SNS를 통해 남과 비교하는 문화가 더욱 거세진 탓도 있습니다. 현실을 직시해야죠. 남들 보기에 좋은 길을 따르기보다는 자기만의 속도로 묵묵히 걸어가는 능력을 키워야 하고요. 백 번 실패하면 백 번 고통스러워할 게 아니라, 백 번 인내하고 절제하는 삶이야말로 진짜 성공하는 길임을 기억해야 합니다."

4장. 오직 일류만을 향하여

김병학 대표의 목표는 명확합니다. 기술 경쟁력을 바탕으로 '일류 제품, 일류 인재, 일류 서비스'를 통해 지속 가능한 기업을 만드는 것입니다.

"이 업계에서 이류는 곧 삼류와 같습니다. 살아남지 못한다는 뜻이죠. '일류'가 되어야 한다는 것은 자존심의 문제가 아니라, 저를 믿고 따라주는 직원들과 그 가족들의 삶을 지키기 위한 최소한의 생존 조건입니다. 우리는 최고를 목표로 하는 것이 아니라, 살아남기 위해 최고가 되어야만 합니다."

그의 철학에서, 냉철함 속에 숨겨진 대표의 뜨거운 책임감이 엿보입니다.

5장. 각자도생(各自圖生), 건강한 공동체의 필수 조건

그의 '각자도생' 철학은 가족에게도 적용되는 생각입니다. 이는 각자가 자신의 삶을 책임지는 건강한 개인으로 바로 설 때, 비로소 건강한 공동체가 유지될 수 있다는 믿음입니다.

"건강은 누가 챙겨주는 것이 아닙니다. 스스로 지켜야 합니다. 제가 건강한 노후를 보내는 것이, 제 아이들에게 줄 수 있는 가장 큰 유산입니다. 자식들에게도 대단한 걸 바라지 않습니다. 타인에게 의존하지 않고 각자의 삶에 책임을 다하는 것, 그것이 진짜 효도입니다."

6장. 무엇과도 바꿀 수 없는, 황금 같은 지금

과거로 돌아가고 싶냐는 질문에, 그는 단호하게 고개를 저었습니다.

"30대 후반부터 제 안의 모든 열정을 불태우며 일했습니다. 가족의 생계를 책임지는 건 당연했고, 300여 명의 직원들과 그 가족까지 제가 책임져야 한다는 생각에 단 하루도 마음 편히 쉬어 본 날이 없었죠. 그 고생을 또 하고 싶지는 않지만, 그 치열했던 시절을 지나왔기에 감사한 오늘을 살고 있습니다. 너무나 소중한 이 시간을 무엇과도 바꾸고 싶지 않습니다."

그에게 지난날은 '피하고 싶은 흑역사'가 아닌 '감사의 발자취'입니다. 후회 없는 현재를 살아가는 그의 얼굴에 돈으로도 살 수 없는 여유가 담겨 있습니다.

7장. 마라톤의 끝, 아름다운 착륙을 준비하다

인생이라는 마라톤에서 누구보다 치열하게 달려온 그는 이제 아름다운 마무리를 준비합니다. 유능한 전문 경영인에게 회사의 운영을 맡기고 자신은 주주의 위치에서 사회 환원과 나눔에 집중하는 삶을 계획하고 있습니다.

"저의 젊은 시절은 전쟁터 그 자체였습니다. 국제 정세의 영향도 받다 보니 한 치 앞을 내다보기가 어려웠죠. 이제야 비로소 제 시간이 생기면서 앞날을 계획하고 준비합니다. 제아무리 높이 날아오른 새도 언젠가 내려와야 하는 것처럼, 사업을 잘 마무리하며 천천히, 그리고 멋지게 착륙하고 싶습니다."

그에게 은퇴는 끝이 아니라, 자신에게 주는 가장 값진 선물이자, 사회에 진 빚을 갚는 새로운 시작입니다.

8장. 지금 할 수 있는 것을 찾아서 "하세요"

노예 출신이었던 고대 철학자 에픽테토스는 "중요한 것은 당신에게 무슨 일이 일어나는가가 아니라, 당신이 그것에 어떻게 반응하는가이다"라고 말했습니다. 김병학 대표는 에픽테토스가 남긴 말처럼, 위기 앞에서 절망한 이들에게 현실을 냉정히 수용하라고 조언합니다. 과거의 영광에 집착하기보다, 현재의 상황에서 최선의 선택을 해야 한다는 것입니다.

"바위틈에서도 꽃은 피어납니다. 어려운 환경 속에서도 사람은 다시 일어설 수 있습니다. 중요한 것은, 남이 나를 해결해 주지 않는다는 사실을 깨닫고 스스로 답을 찾는 노력입니다. 지금 할 수 있는 것, 기왕이면 조금이라도 잘할 수 있는 것을 찾으세요. 그리고 그냥 하세요. 그거면 됩니다."

9장. 나를 지탱하는 세 가지: 자아, 신뢰, 가족

그의 인생을 지탱해 온 가장 중요한 세 가지 가치는 무엇일까요?

"사람은 먼저 자기 두 발로 바로 서야 합니다. 그것이 '자아실현과 경제력'입니다. 그렇게 바로 선 후에야, 바로 선 다른 사람과 '신뢰의 관계'를 맺을 수 있습니다. 그리고 우리가 그토록 단단히 서 있어야 하는 이유는, 가장 소중한 공동체인 '가족'을 지키기 위해서입니다. 이 세 가지는 결코 분리될 수 없는 하나입니다."

삶의 중심에는 결국 관계와 책임이 있다는 그의 철학이 담겨 있습니다.

10장. 쉼 없이 달려온 인생의 마라토너

'인생은 마라톤'이라고 정의하는 그에게 좀 더 구체적인 마지막을 떠올리게 하자, 의외로 표정의 변화가 없습니다. 그는 죽음조차 '인생 마라톤의 결승선'이라 여기며 덤덤하게 받아들입니다.

"저는 제 인생이라는 마라톤에서 정말 치열하게 달렸습니다. 맡은 바 책임을 다했고, 할 수 있는 모든 것을 했기에 후회가 없습니다. 후회가 없으니 죽음이 두렵지 않은 겁니다. 죽음은 패배가 아니라, 누구나 도착해야 하는 자연의 섭리이자 결승선일 뿐이니까요.”

아름다운 이별과 깔끔한 마무리를 삶의 마지막 가치로 여기는 그의 모습에서, 우리는 진정한 평온의 의미를 배웁니다.

에필로그

김병학 대표의 이야기는 화려한 수사나 감상적인 위로 대신, 냉철한 현실 인식과 묵직한 책임감으로 가득 차 있습니다. ‘내가 아니면 안 된다’라는 책임감 하나로 살얼음판 같았던 세월을 버텨온 그의 삶은, ‘이만하면 됐다’라는 안주 대신 ‘아직 할 일이 있다’라는 비전을 향해 나아온 여정이었습니다. 그의 ‘각자도생’ 철학은, 역설적으로 우리 모두가 스스로의 삶에 온전한 주인이 되어야 한다는 가장 뜨거운 응원일지도 모릅니다.

“돈을 좇지 마세요. 비전을 따라가면 돈은 따라옵니다.”

그의 달콤 쌉싸름한 조언이 포기를 떠올린 누군가에게 ‘현실을 직시하고, 도전하고 버티는’ 새로운 출발점이 되기를 소망합니다.

★★★★★

김병학 대표의 성공 철학

항목	내용
1. 성공 요인	기술력, 빠른 실행, 생존 의지
2. 핵심 노하우	특허등록, 기술 기반 사업화
3. 원칙과 습관	자기 절제, 현실 직시, 각자도생
4. 성장 배경	전북 산골 출신, 전학과 이사 반복
5. 성공 분야	기술 기반 중견기업 창업
6. Insight	기업은 마라톤, 현실 안주 금물
7. 성현/명사	옥은 다듬지 않으면 그릇이 되지 못하고 사람은 배우지 않으면 알지 못한다 – 순자 조직이 배우고, 그 배움을 신속히 실행으로 옮기는 능력이 최고 경쟁력 – 잭 웰치

프롤로그

무도인이 되고 싶었던 한 남자가 있 
었습니다. 하지만 그는 '자동차'라는
전혀 다른 세계를 만나, 마침내 대한
민국 최고의 명장이라는 꿈을 이뤘습
니다. 자동차 정비사로 시작하여 국
내 최초의 단일 브랜드 전문 정비소
를 창립하기까지, 김현오 대표는 열정과 성실함으로 인생의 굽이 길을 헤쳐 나왔습니다. 가장 깊은 절망의 엔진 소리를 들으면서도, 어떻게든 자기 자신과 세상의 신뢰를 다시 수리해 나갔던 그의 치열한 기록을 들여다봅니다.

1장. 합기도 관장을 꿈꾸던 해남 소년

1979년 전남 해남, 가난한 농가의 막내로 태어난 그는 어릴 때부터 부모님의 농사일을 도왔던 '장남 같은 막둥이'였습니다. 운동을 유독 좋아했던 그는 합기도를 시작했고, 활달한 성격과도 잘 맞아 합기도 관장을 꿈꿨습니다.

"국민학교 입학하면서 부쩍 키도 크고 힘이 세졌습니다. 학교 끝나고 집에 오면 책가방 던져놓고 논부터 나갔어요. 농사일이라는 게 크고 작은 일손이 많이 필요한 일이거든요. 아버지를 도와 씨앗을 뿌리거나 어머니의 새참 준비를 거들기도 하면서 농사를 익히고 체력을 키웠습니다. 그때부터 운동이 좋았어요. 동네에 처음 생긴 합기도장에 구경 갔다가 아버지의 권유로 등록하고 운동을 시작했습니다. '나도 커서 합기도 관장이 되고 싶다'라는 꿈을 가질 만큼, 힘든 운동인데 정말 재미있게 했습니다."

도장에서 땀 흘리며 근성과 체력을 다졌던 시간들은 훗날 그가 어떠한 시련 앞에서도 버틸 수 있는 정신적 지지대가 되었습니다.

공업고등학교 졸업 후, 그는 친형의 자동차 정비소에서 일하며 처음으로 기름 묻은 기계와 인연을 맺었습니다. 자동차 오일과 배기가스 냄새를 맡으면서도 흥미를 느낀 그는 이 길이 곧 자신의 길임을 직감했습니다.

"좋아하던 운동을 업으로 삼고 싶었는데 공부를 더 하긴 어려운 형편이었어요. 우선 일을 배우면서 돈도 벌어보자는 생각에 형님이 운영하던 정비소에 나가기 시작했습니다. 차체가 워낙 크잖아요. 성능이 이상하다며 맡겨진 차들을 살피고 고치는 사이, 몸집이 큰 자동차들과 정이 들더라고요. 사람들은 고장이 나서야 차를 보는데, 사실 정비만 잘해도 다가올 문제를 예방할 수 있습니다. 그런 점에서 자동차들이 저에게 말을 거는 것 같았어요. '여기가 아프다, 저기가 곧 이상해질 것 같다'라는 식으로 하소연하는 차들과 대화를 시작한 거죠. 그때부터 일이 너무나 재밌어졌습니다."

그는 정비소에서 쌓은 실력을 군대에서도 이어가기 위해 차량정비병을 지원했고, 육군종합군수학교에서 기술의 기초를 다지며 더 큰 세상으로 나아갈 준비를 했습니다.

3장. '주경야독' 그 자체의 삶

전역 후 엔진 재생 공장에서 보다 깊이 있는 기술을 익히던 그는, 이론 학습에 대한 갈증을 해소하기 위해 대우자동차에 입사하며 야간대학에 등록했습니다.

"이쪽 기술은 정말 정직합니다. 공부하고 노력한 만큼 실력이 늘어요. 더 큰 물에서 놀아야 한다는 생각으로, 말 그대로 '주경야독'하며 살았던 시절입니다."

낮에는 현장에서 바쁜 실무자로, 밤에는 열정이 충만한 학생으로 살았던 이 시간은, 그를 단순한 기술자가 아닌 '전략가'로 성장시켰습니다.

4장. 독일 자동차 기업에서 새로운 기회를 발견하다

일과 공부를 '즐겼던' 그는 독학으로 자동차정비 기사자격증을 취득하고, 보폭을 더욱 넓혀 수입차 업계로 진출했습니다. 아우디로 이직하여 기술의 깊이를 더하며 실력을 쌓아간 것이죠. 지독한 성실함은 누구라도 알아보고 인정하게 됩니다. 아우디의 모기업이 포르쉐를 인수하던 당시 기술 자문을 담당했던 그는 곧 포르쉐로 스카우트되었습니다.

"동료들이 술 마시고 어울릴 시간에 저는 해외 기술 원서나

논문을 한 줄이라도 더 읽었습니다. 뒤처지지 않고 실력으로 살아남으려면 공부밖엔 길이 없었죠. 이런 모습을 좋게 보셨는지 포르쉐에서 저를 스카우트했고, 그곳에서 워크숍 매니저까지 올랐습니다. 업계에서 정식으로 제 능력을 인정해 준 계기가 되어 감사했어요.”

인생에 있어 큰 도약의 시기를 떠올리며 뿌듯한 표정을 감추지 못하던 그가 낡은 노트를 꺼내 보였습니다. ‘우리가 반복적으로 행하는 것이 우리 자신이다. 그렇다면 탁월함은 행동이 아닌 습관인 것이다’라는 메모가 눈에 띕니다.

“마음이 어지러울 때 유튜브에서 ‘철학 채널’을 찾아보는데, 거기서 본 아리스토텔레스의 명언이에요. ‘탁월함은 습관’이라는 말이 저에게 정말 명언으로 다가왔습니다. 마음이 해이해질 것 같으면 이 말을 떠올리며 다잡곤 해요.”

그의 지독한 성실함이라는 습관이, 마침내 ‘최고’라는 탁월함으로 인정받은 것입니다.

5장. 신뢰를 수리하는 정비소

최고의 기술자들이 모인 포르쉐 센터에서, 그는 역설적으로 새로운 사업 기회를 발견했습니다. 공식 서비스센터의 비싼 가격, 긴 수리 기간, 한 번에 해결되지 않는 문제에 대한 고객들의 불만이 너무나 많았기 때문입니다.

"차는 일류인데 서비스는 일류가 아니라는 불만이 들려왔습니다. 답답해진 차주들이 저에게 개인적으로 연락해 하소연하곤 했죠. 그때 깨달았습니다. 공식 센터보다 더 빠르고, 더 정확하고, 더 합리적인 가격으로 수리할 수 있다면, 이건 무조건 성공하겠다!"

그는 단순히 차를 고치는 것이 아니라, 깨어진 '신뢰'를 수리하는 '프리미엄 전문 정비'라는 새로운 시장을 본 것입니다. 2016년 11월 1일, 그는 국내 최초 단일 브랜드 전문 정비소의 대표가 되었습니다.

6장. 기술의 가치, 기술자의 시대

그는 이제 다음 세대 기술자들을 위한 길을 고민합니다. 그는 '손이 필요한 기술형 인재'의 시대가 올 것이라 확신하며, 청년들에게 진입장벽이 높은 분야에서 자신만의 경쟁력을 쌓으라고 조언합니다.

"기술은 사람을 기다려주지도, 거짓말을 하지도 않습니다. 예리한 손끝을 가진 기술자의 시대가 반드시 올 것이고, 이미 절반 이상의 문이 열렸다고 생각합니다. 기술직의 무한한 가능성과 틈새시장을 확인하고 한 살이라도 어릴 때 기술을 배우세요. 어떤 기술이든 배우고 익히면 그게 여러분을 지켜줄 거예요. 그렇게 쌓인 기술은 절대로 당신을 배신하지 않는, 가장 든든한 무기가 될 것입니다."

7장. 사회적 책임과 선한 영향력

"방이동에 가면 차에 대한 모든 문제가 해결된다"라는 입소문이 퍼지면서, 그의 정비소는 명실상부 국내 최고의 프리미엄 전문 정비소로 자리 잡았습니다. 그는 이제 성공의 결실을 사회와 나누는 일에 관심을 갖기 시작했습니다.

"솔직히 처음에는 먹고살기 바빠서 주변을 돌아볼 여유가 없었습니다. 제 차 고치기에도 정신이 없었죠. 그런데 정비소가 자리를 잡고 제 이름이 알려지기 시작하니, 문득 이런 생각이 들더군요. '이 성공이 과연 나 혼자만의 것인가?' 아니었습니다. 제 기술을 믿어준 고객들, 함께 땀 흘린 직원들, 그리고 제가 딛고 선 이 사회가 없었다면 불가능했죠. 이제는 제가 받은 것을 돌려드릴 때입니다. 특별한 건 아니더라도, 제가 가장 잘하는 일로, 제 도움이 필요한 곳에 작은 온기라도 더하고 싶습니다."

그는 자신의 사업이 환경에 미치는 위해 요소에 책임감을 느끼며, 장애인 차량 무상 점검 등 작은 나눔을 꾸준히 실천하고 있습니다. 나눔의 실천이야말로 받은 은혜를 갚는 방법이라고 믿으며, 선한 영향력을 확산하고자 합니다.

8장. 가족, 가장 든든한 버팀목

그에게 가족은 치열한 세상 속에서 그를 지탱해 주는 가장 든든한 버팀목입니다.

"정비소에서는 고장 난 차를 고치지만, 집에서는 아버지로서 아이들을 살피는 게 제 일입니다. 대단한 걸 해줄 수는 없어도, 아이들 인생에 문제가 생겼을 때 언제든 기댈 수 있는 든든한 고목 같은 아버지가 되어주고 싶습니다. 제가 가진 기술은 차를 고치지만, 제가 베푸는 사랑으로는 아이들의 마음을 읽어주고 싶어요."

그는 자녀들이 운동과 봉사를 통해 건강한 정신을 가진 사회의 일원으로 성장하기를 바라며, 삶의 지표가 되는 아버지가 되기 위해 오늘도 노력합니다.

9장. 시련이 만든 오늘의 나

한창 들뜬 표정으로 자신의 삶을 돌아보던 그는 "하이라이트만 있는 인생이 어디 있겠느냐"라는 말과 함께 차분해졌습니다.

"뿌듯한 기억도 많지만, 결국 가장 힘들었던 순간들이 지금의 저를 만들었습니다. 이혼, 사업 실패, 가난 같은 시련들 말이죠. 절망스러운 그 자리에서 다시 희망을 찾고, 없으면 스스로 빚어

낼 줄 아는 것이 진정한 용기라고 생각합니다. 인생이 안 풀리고 성공으로 가는 문이 닫혀 있다고 생각하세요? 그 인생을 되돌릴 수 있는 열쇠도 결국 자기 자신만이 쥐고 있습니다."

10장. 결코 고장 나지 않는 내 인생 세 가지 부품

그의 인생을 일궈 온 세 가지 원칙은 '성실, 경청, 그리고 건강'입니다. 그는 이 세 가지가 오늘의 자신을 만든, 결코 고장 나지 않는 인생의 핵심 부품이었다고 자신 있게 말합니다.

"성공의 비법은 사실 가장 평범한 곳에 있습니다. 매일 아침 거울 앞에서 '오늘 하루도 성실하자'라고 약속하는 것. 내 이야기보다 상대방의 이야기에 먼저 귀 기울이는 것. 그리고 이 모든 것을 해낼 수 있도록 내 몸을 아끼고 움직이는 것. 이 세 가지만 지켜도, 인생은 결코 잘못된 길로 가지 않습니다. 화려한 기술은 이 세 가지 기본 위에서만 빛을 발하는 법이니까요."

에필로그

김현오 대표의 삶은, 인생이라는 자동차가 고장 났을 때 그것을 어떻게 수리하고 다시 길 위로 나아가야 하는지를 보여주는 한 권의 '정비 가이드북'과 같습니다. 그는 내면의 가장 깊은 상처를, 가장 정직한 기술의 힘으로 극복해 냈습니다. 그의 이야기는 증명합니다. 진정한 실력과 성실함만 있다면, 어떤 절망의 순간에도 우리는 자기 자신의 인생을 완벽하게 수리할 수 있다는 것을 말입니다.

★ ★ ★ ★ ★

김현오 대표의 성공 철학

항목	내용
1. 성공 요인	어려운 가난과 시련 속에서도 포기하지 않은 성실함과 기술 집착, 그리고 가족, 고객과의 신뢰 회복
2. 핵심 노하우	낮에는 일, 밤에는 학업에 몰입한 주경야독(외국 기술자료, 논문 독학) 자기계발 – 고객불만 속에서 새로운 시장 기회를 발견하는 통찰력
3. 원칙과 습관	자기 암시와 긍정 사고, 철저한 책임감, 신속한 실행력
4. 성장 배경	전남의 농가 출신으로 가난 속에서도 합기도를 하며 근성과 체력 단련 친형의 정비소에서 자동차와 첫 인연을 맺으며 새로운 꿈 발견
5. 성공 분야	대한민국 최초 단일 브랜드 전문 정비소 창립 및 운영 독일차(아우디, 포르쉐)에서 기술력 인정받아 프리미엄 정비 서비스 제시
6. Insight	기술은 절대 사람을 배신하지 않는다. 진정한 성공은 실력과 태도가 결합될 때 완성된다. 사회적 책임과 선한 영향력이 성공의 완성이다
7. 성현/명사	삶의 의미를 찾는 것은 힘든 순간에도 나를 지탱하는 힘이다 – 빅터 프랭클 탁월함은 행동이 아니라 습관이다 – 한나 아렌트

프롤로그

우리는 흔히 '농부'라 하면 흙 위에서 정직하게 땀 흘리는 모습을 떠올립니다. 하지만 여기, 스스로를 '정밀 산업가'이자 '시스템 전략가'라고 말하는 농부가 있습니다. 최첨단 자동화 설비가 가득한 실내에서 대한민국 최고의 버섯을 키워내는 민주운 대표. 그의 삶은 성공이란, 화려한 언변이나 기발한 아이디어보다, 오직 하나만 생각하고 따르는 '한길'과 '한마음'에서 비롯될 수 있다는 것을 보여줍니다.

1장. 평범함 속에 숨겨진 단단한 열망

전남 해남의 시골 마을에서 외아들로 태어난 그는, 마음속에 언제나 '내 일을 하고 싶다'라는 단단한 열망을 품고 있었습니다.

"어릴 적 동네 어르신들이 '커서 뭐가 될래?' 물으시면, 저는 으레 '사장님이요'라고 대답하곤 했습니다. 뭘 아는 나이는 아니었지만, 막연하게나마 누군가가 만들어 놓은 길을 따라가기보다 제가 직접 길을 만들고 사람들을 이끄는 사람이 되고 싶었던 것 같아요. 그 막연했던 꿈이, 지극히 평범했던 저를 평범하지 않은 길로 이끈 셈입니다."

조용히 학창 시절을 보낸 그는, 그럼에도 단단하게 자신의 길을 찾기 위한 첫걸음을 준비하고 있었습니다.

2장. 흙이 아닌 시스템에서 미래를 보다

그는 농업에서 미래를 보았습니다. 사업을 향한 열망이 컸기에, 익숙한 농작물이나 선례가 풍부한 농업인의 길을 따라가지 않았습니다. 특히 일본의 선진 기술을 접하며, 그는 농업이 기술과 시스템이 결합된 '정밀산업'임을 직감했습니다.

"농업에 꾸준히 관심을 갖고 일본을 오가며 살펴보니 어린 시절 제가 보고 자랐던 농사가 아니었습니다. 더 이상 단순 노동이 아니라 기술과 시스템이 결합된 정밀산업이었어요. 그리고 저는 이 산업 안에서 체계적인 시스템을 갖추고 이를 고도화하는 전략가가 되어야 한다고 확신했습니다.”

그는 흙을 파는 농부가 아닌, 시스템을 설계하는 농부가 되기로 결심하고, ‘만가닥버섯’이라는 단일 품목에 자신의 모든 것을 걸었습니다.

3장. 부(富)를 지키는 세 개의 철학

그는 자신의 성공이 세 가지 철학에서 비롯되었다고 말합니다. 첫째는 ‘선택과 집중’입니다. 그는 여러 작물을 기웃거리는 대신, ‘만가닥버섯’이라는 한 우물만 깊게 팠습니다.

둘째는 ‘사람 중심의 경영’입니다. 그에게 훌륭한 참모는 ‘분신’과도 같은 존재입니다. 사업의 성패를 가르는 것이 인재 양성에 달렸음을 알기에 사람 보는 안목을 매우 중요시하고 있습니다.

셋째는 ‘자본관리의 지혜’입니다. 그는 소득이 들어올 때 함부로 소비하지 않고 자본을 지켜내는 전략을 펼쳤습니다.

“나폴레온 힐이 ‘부가 찾아올 땐 그동안 어디 숨었다 이제 오나 싶을 만큼 빨리, 엄청나게 온다’라는 글을 남겼죠. 농업 특성상 이 말을 그대로 적용할 만큼 빠른 속도와 엄청난 규모는 아니더라도 공감하는 부분이 있습니다. 이럴 때 돈을 허투루 쓰지 않고 대부분 모아뒀어요. 결정적인 순간에 투자할 수 있도록 자본을 지키는 것도 아주 중요한 사업 전략이자 경영 방침입니다."

4장. 가장 아팠던 교훈, "좋은 사람이 좋은 직원은 아니었다"

30년 전으로 돌아간다면 무엇을 바꾸고 싶냐는 질문에, 그는 주저 없이 "사람을 잘 선택하고 싶다"라고 말합니다. 가장 믿었던 직원의 배신으로 사업 전체가 흔들렸던 경험 때문입니다.

"자산 하나를 통째로 잃은 것과 다름없는 큰 손실이라 사업에 타격이 컸는데, 시간이 지날수록 신뢰했던 관계가 완전히 끊겼다는 상실감이 더 크고 무겁게 다가왔습니다. 시스템보다 정을 우선시하여 사람이 좋다는 이유만으로 중책을 맡기고 점검 없이 믿은 탓이죠. 이후 저는 채용 기준과 업무 책임 분담, 회계의 투명성과 의사 결정 체계 등 사업의 총체를 다시 세우며 회사를 정비했습니다."

친분과 감정에 이끌려 사람을 뽑았던 실수를 통해, 그는 '좋은 사람'과 '좋은 직원'은 다르다는 것을 뼈저리게 배웠습니다. 아울러 회사와 함께 성장할 수 있는 인재를 냉철하게 판단하는 것이 리더의 가장 중요한 역량임을 깨달았습니다.

5장. 각자의 빛을 낼 때 완성되는 진정한 풍요

아들은 가업을 잇기 위해 관련 전공으로 진학했고, 두 딸은 각자의 재능을 살려 미술과 춤의 길을 걷고 있습니다. 그는 가족 각자가 자신만의 빛을 낼 때 진정한 풍요가 완성된다고 믿습니다.

"가족 모두 자신만의 루틴과 리듬으로 자기 삶을 디자인하며 살아가는 것이 진정한 부유함이라고 생각합니다. 자식을 낳고 기른 건 맞지만 제 소유물은 아니잖아요. 그저 건강하게 자기의 빛을 잃지 않고 살아가길 응원할 뿐입니다. 아빠로서 할 일은 딱 거기까지예요."

6장. 정상에서 준비하는 아름다운 퇴장

그는 향후 10년 안에 은퇴를 계획하고 있습니다.

"아버지가 하던 일을 물려받아야 한다는 게 아들로선 쉽지 않은 결정이었을 겁니다. 아무리 노력해서 일궈도 밑져야 본전이거나 '아버지만 못하다'라는 말을 들을 수도 있으니까요. 주변에서 '낙하산'이라는 소리를 듣기도 딱 좋은 상황이죠. 그런데도 흔쾌히 가업을 잇기로 결심하고 학업에 매진하고 있는 아들을 보면 참 고마워요. 이제는 제가 전면에 나서는 것보다, 후방에서 아들을 돕는 멘토가 되고 싶습니다."

사업 확장의 마지막 퍼즐은 아들에게 맡기고, 자신은 든든한 지원자로서 아름다운 퇴장을 준비하는 그의 모습에서 현명한 리더의 품격이 느껴집니다.

7장. 절대 혼자 안 됩니다

사업가로서 시야가 넓어진 덕분인지 그의 눈엔 종종 벼랑 끝에 몰린 사람들의 삶이 들어오고, 실제로 조언을 구하는 경우도 있습니다. 그럴 때마다 그는 자신의 경험을 바탕으로 조언을 건넵니다.

"사업을 하다 너무 힘들었던 순간, 혼자 고민하다 더 힘들었던 적이 있었습니다. 절대로 혼자 모든 짐을 지려 하지 마세요. 동종 업계의 선배나, 인생의 멘토, 먼저 길을 걸어간 사람들에게 조언을 구하십시오. 그리고 가장 중요한 것은, 포기하지 않는 마음입니다."

8장. 내 인생 가장 중요한 세 가지

그가 생각하는 인생에서 가장 중요한 세 가지 가치는 무엇일까요?

"결국 이 세 가지가 아닐까 싶습니다. 첫째는 '가족'입니다. 모든 노력의 이유이자 존재의 근원이지요. 둘째는 '사람과의 인연'입니다. 좋은 사람들과의 신뢰 관계가 삶을 더 깊고 풍요롭게 만듭니다. 그리고 마지막은 '자기 일에 대한 최선'입니다. 내가 하는 일을 내 일처럼 여기고 최선을 다할 때, 비로소 내 인생의 주인공이 될 수 있습니다. 이 세 가지가 균형을 이룰 때, 삶이 단단해진다고 믿습니다."

삶의 중심이자 존재의 이유인 가족, 인생의 깊이를 더하는 사람들과의 관계, 그리고 어떤 일이든 자신의 일처럼 임할 때 빛이 난다는 그의 철학이 담겨 있습니다.

9장. 끝까지 챙길 것은 사람, 그리고 인사

6개월만 남은 미래를 그려보라는 주문에 그의 표정은 오히려 편안했습니다. 그는 오롯이 가족과 주변 사람들에게 집중하겠다고 말합니다.

"아이들과 떨어져 살 테니 더 자주 찾아가고, 부모님도 더 자주 뵈러 가겠지요. 그동안 소홀했던 친구들도 만나고 싶습니다."

사업을 깔끔하게 정리하고, 한 사람 한 사람에게 마지막 인사를 건네는 것. 그것이 그가 생각하는 가장 소중한 삶의 마무리 입니다.

10장. 내가 남기고 싶은 단 하나의 유산, '시스템'

민주운 대표에게 성공은 소유의 크기가 아니라 지속성의 문 제였다. 그는 떠난 뒤에도 회사가 흔들리지 않고 작동하는 것, 그 자체가 진정한 완성이라고 믿습니다.

"사람은 떠나도 시스템은 남습니다. 저는 회사를 '사람에게 기대는 조직'이 아니라 '사람을 성장시키는 시스템'으로 남기고 싶습니다."

그가 마지막으로 구축한 세 가지 운영 원칙

1. 데이터 경영 :

시장 가격, 출하량, 선도, 폐기율, 재고일수. 모든 지표를 실 시간으로 분석한다. "감으로 농사짓는 시대는 끝났습니다."

2. 표준화된 프로세스

품질 편차를 줄이기 위해 온도·습도·CO_2 수치뿐 아니라 수 확·세척·포장 동선까지 정밀하게 관리한다. "작업 동선을 1m

줄이면 수익이 달라집니다.”

3. 사람을 위한 자동화

힘든 작업을 기계가 대신하고 사람은 생산성과 품질을 관리하는 '정밀 노동'에 집중한다. “기계는 일을 하고, 사람은 가치를 만듭니다.”

아들에게 남기는 마지막 당부

자본은 방어용, 기술과 혁신은 공격용.

작은 문제를 기록하는 습관이 큰 사고를 막는다.

직원은 비용이 아니라 함께 이익을 만드는 동반자.

버섯은 생물이지만, 경영은 생물적이어선 안 된다.

“규칙과 숫자가 생명줄이다.”

“흙에 손을 묻히기 전에, 데이터부터 읽어라. 농업은 감이 아니라 능력이다.”

아버지의 언어는 늘 솔직하지만, 그 속에는 아들이 더 높은 곳으로 가길 바라는 진심이 녹아 있다. 농업을 정밀산업으로 바꾸는 꿈, 계속된다.

그는 은퇴 후에도 식품 가공과 유통 혁신의 조력자로 남을 생각이다. 지역 농가가 더 나은 가격을 받을 수 있도록 공동 출하, 품질 통합, 브랜드화를 돕고 싶다고 말한다.

"해남에서 생산한 농산물이 해남 이름으로 팔리는 시대를 만들고 싶습니다."

원재료를 수확하는 농부에서 부가가치를 설계하는 산업가로, 그는 농업의 미래를 미리 살아온 사람이다.

인생을 닫으며 남기는 한 문장

가장 중요했던 순간을 정리하며 그는 미소를 짓는다.

"한 우물만 팠습니다. 그런데 그 우물이 강이 되고, 바다가 되더군요."

흙을 파던 평범한 농부는 기술과 시스템으로 농업을 다시 정의했고, 이제 시스템을 유산으로 남기는 산업가로 조용히 퇴장 준비를 하고 있다.

그의 삶은 말한다. 한길만 가면, 끝내 길이 된다. 그리고 그 길은, 더 많은 사람을 살린다.

에필로그

민주운 대표의 이야기는 '하나를 끝까지 해낸 사람'의 힘을 보여줍니다. 요즘 시대는 빠르게 배우고, 넓게 경험하고, 자주 바꿔야 성공한다고 말하지만, 그 반대편에 서서 한 방향으로 20년을 달려온 사람의 삶은 작은 가능성을 거대한 현실로 만들었습니다. 그리고 우리에게 말합니다. 성공은 넓이가 아니라 '깊이'에서 오며, 포기하지 않는 사람에게 반드시 온다는 것을요.

민주운 대표의 성공 철학

항목	내용
1. 성공 요인	농업에서 고부가가치 아이템을 찾았고, 한 우물만 깊이 판 집중력
2. 성공 노하우	일본식 선진 시스템 도입 → 지속적인 기술발전 → 철저한 자본관리
3. 원칙과 습관	소득 발생시 자본을 지키고, 결정적 타이밍에 투자
4. 성장 배경	시골 외아들로 자라난, 소박하지만 따뜻한 유년기
5. 성공 분야	버섯 배양을 통한 친환경 농업사업, 자녀승계형 성장기업
6. Insight	사람을 보는 안목이 사업의 성패를 가른다 포기하지 않는 의지가 가장 강한 자산이다 인생은 루틴과 균형 안에서 지속적으로 성장하는 것이다
7. 성현/명사	군자는 뜻을 세우고 꾸준히 나아간다 – 공자 성공은 열정의 부족이 아니라, 포기의 순간에 사라진다 – 처칠

프롤로그

"성공은 무슨 성공? 난 아직 멀었습니다."

성공의 동력을 묻는 질문에, 그는 이렇게 답했습니다. 그리고 잠시 생각에 잠긴 뒤 덧붙였습니다. "굳이 말하자면, 자기 자신과의 약속을 지키는 힘 아닐까요?"

누구보다 일찍 삶의 현장에 뛰어들어 기술과 경험, 그리고 성실이라는 무기를 손에 쥐고 오직 한길만을 묵묵히 걸어온 사람. 수십억 자산가가 되기까지 '양돈'이라는 한 우물을 파온 손승용 대표의 단단하고 깊은 이야기가 시작됩니다.

1장. 새마을 운동 소년, 배부른 삶을 꿈꾸다

1960년대 후반, 대한민국이 '잘살아 보세'를 외치던 시절. 그는 전남 목포의 한 가난한 집에서 태어났습니다.

"다들 없이 살 때였지만 저희 집은 특히나 형편이 어려웠습니다. 그때 제 유일한 꿈은 우리 가족 다 같이 둘러앉아 따뜻한 밥을 배불리 먹어보는 것이었습니다. 그러려면 부지런해야 한다고 생각했죠."

그는 누구보다 먼저 일어나 마을 어귀를 쓸고, 잡초를 베며 하루를 시작했습니다. 고사리손에 들린 새마을 빗자루는, 가난을 이겨내기 위한 그의 첫 무기였습니다. 묵묵히 땀 흘리는 시간 속에서, 그는 성실함을 삶의 가장 중요한 기준으로 세웠습니다.

2장. 스무 살 청년, 데이터로 돼지를 키우다

20대 초반, 전남 무안으로 터전을 옮긴 그는 양돈업에 본격적으로 뛰어들었습니다. 특별한 기술이나 자본이 아닌, 오직 '몰입'의 힘으로 사업을 키워나갔습니다.

"매일같이 돼지를 돌보고, 먹이를 주고, 또 돼지를 살폈습니다. 기술은 현장에서 몸으로 배웠고, 경영은 장부에서 배웠습니다."

그는 입출금 장부를 손수 기록하며 자금의 흐름을 분석했고, 그 데이터를 기반으로 다음 해 사업 계획과 확장 전략을 세웠습니다. 그는 그렇게, 숫자로 미래를 읽는 농부이자 스스로 성장하는 기업가가 되었습니다.

3장. 한 걸음씩, 현실적인 목표를 향하여

그의 경영 철학은 명확했습니다. 매년 연말, 실현 가능한 다음 해의 목표를 세우는 것이었습니다. 단기와 중장기 과업을 분명히 구분하고, 원대하기보다는 현실적인 목표를 세워 작은 성취감을 반복적으로 만들어냈습니다.

"제가 고흐를 좋아해서 고흐 그림이나 관련된 책을 보는 것도 즐기는데요. 『반 고흐, 영혼의 편지』라는 책을 보면 '위대한 일이란 그저 충동적으로 이루어지는 것이 아니라 연속되는 작은 일들이 하나로 연결되어서 이루어진다'라는 구절이 나와요. 이 말처럼 목표는 작아도 좋습니다. 다만 실천 가능해야 하죠. 다섯 걸음이 부담스러우면 세 걸음이라도 가겠다는 마음으로 계획을 세우는 겁니다. 그러면 설령 세 걸음만 갔더라도, 두 걸음만 더 내디뎌보자는 희망이 생기는 거죠.”

이러한 습관은 사업뿐 아니라 인생에도 동일하게 적용되었습니다. 한 걸음, 한 걸음 성실히 내딛다 보면 어느새 먼 길을 와 있었고, 그 여정 자체가 ‘성공’이었습니다.

4장. 비가 억수같이 내리던 날의 약속

그의 인생을 지탱한 신념은 ‘자신과의 약속을 지키는 삶’입니다. 그리고 그 신념이 가장 단단해졌던 순간은, 역설적이게도 가장 크게 흔들렸던 순간이었습니다.

“양돈업을 시작한 지 얼마 안 됐을 때였어요. 사료값은 오르고, 돼지병이 돌고, 판매가는 떨어지고… 정말 하루하루가 적자였습니다. 그때 저 자신과 약속했습니다. ‘매일 아침 5시에 일어나 돼지우리를 비우고, 사료를 주고, 장부를 쓴다. 이걸 1년만 하자. 단 하루도 거르지 말자.’”

폭우가 쏟아지던 어느 날 새벽, 5시 알람을 무시하고 싶은 유혹 속에서 그의 마음에 천둥 같은 목소리가 울렸습니다. ‘네가 네 자신에게 한 약속조차 못 지킨다면, 앞으로 누구에게도 약속하지 마라.’ 그는 이불을 걷어차고 일어나 축사로 향했습니다. 땀과 비에 젖어 사료를 퍼 나르며, 그는 스스로를 다시 한번 믿기로 다짐했습니다.

5장. 보물 1호, 1년간의 장부 "실패는 없습니다"

그가 1년간 매일 새벽 5시에 썼던 장부는, 지금도 그의 '보물 1호'로 남아있습니다. 그 장부는 단순한 기록이 아닙니다. 자기 자신과의 가장 어려운 싸움에서 이겨낸 승리의 증표입니다.

"그날 제가 이불 속에서 타협했다면, 오늘의 저는 없었을 겁니다. 인생은 거창한 목표보다, 사소한 약속을 지키는 일상에서부터 변화가 시작됩니다."

그는 실패를 두려워하지 않습니다.

"'실패'라는 게 뭔가요? 설령 실패한들 거기서 얻을 게 전혀 없을까요? 제 사전에 '사업 실패'란 없습니다. 열심히 한길을 파면 반드시 성공이 뒤따르고 당장 잘 안된다 해도 그 경험은 반드시 배움이 되니까요."

양돈이라는 한 우물에만 집중하며 그는 규모의 경제를 실현했고, 시간의 흐름에 따라 사업장을 점진적으로 확장시켜 나갔습니다. 어느새 수백억 자산가가 되었지만, 그는 아직도 "나는 현실에서 가능한 삶의 목표를 실행 중일 뿐"이라고 담담하게 말합니다.

<u>**6장. 건강, 인생 후반전의 가장 큰 자산**</u>

수십 년간 새벽을 깨우며 쉼 없이 달려온 그가 지금 가장 중요하게 생각하는 것은 무엇일까요? 그는 주저 없이 '건강'을 꼽습니다. 100세 시대, 그에게 건강은 단순히 아프지 않은 상태가 아니라, 인생의 후반전을 풍요롭게 만들기 위한 가장 중요한 자산입니다.

"젊었을 때는 몸이 재산인 줄도 모르고 막 썼습니다. 하지만 나이가 드니 알겠더군요. 내가 아무리 많은 것을 이뤄도, 건강을 잃으면 모든 것이 소용없다는 것을요. 은퇴 이후에도 자식들에게 짐이 되지 않고, 내가 하고 싶은 일을 하며 활기차게 살기 위해선 건강만큼 중요한 투자는 없습니다."

그는 지금도 매일 꾸준한 운동과 소식으로 자신을 관리합니다. 치열하게 살아온 전반전의 결실을, 건강하고 행복하게 누리기 위한 그만의 가장 성실한 준비인 셈입니다.

<u>**7장. "행복의 문은 바로 앞에 있단다"**</u>

평생을 일에 바친 그에게 가족은 가장 든든한 버팀목이자, 때로는 가장 미안한 존재였습니다. 그는 사랑하는 가족들에게 자신의 삶을 통해 깨달은 지혜를 따뜻하게 전합니다.

"제가 악착같이 일했던 것은, 우리 가족만큼은 돈 때문에 힘든 일을 겪게 하고 싶지 않아서였습니다. 이제는 다들 자기 몫을 잘해주고 있으니, 세상을 너무 어렵게만 보지 말고 좀 더 여유 있게 바라보면 좋겠습니다. 열심히 일한 만큼 즐겁게 여행도 다니고, 스스로에게 보상도 해주면서 말이죠. 살다 보면 힘든 일이 왜 없겠습니까. 하지만 그때마다 포기하지 않고 성실하게만 대처해 나간다면, 행복의 문은 생각보다 가까운 곳에, 바로 몇 발짝 앞에 있다는 것을 잊지 않았으면 합니다."

8장. 나를 만든 세 가지 원칙

손 대표의 인생을 단단하게 지지해 온 세 가지 신념은 무엇일까요? 그는 화려한 기술이나 비법 대신, 누구나 실천할 수 있는 세 가지 원칙을 제시합니다.

첫째는 '성실'입니다. 비가 오나 눈이 오나 새벽 5시의 약속을 지켰던 그 성실함이 모든 성공의 시작이었습니다. 둘째는 '절대 포기하지 않는 마음'입니다. 적자가 계속되던 어려운 시절에도, 그는 실패를 단정 짓지 않고 하던 일을 묵묵히 할 뿐이었습니다. 마지막 셋째는 '건강 관리'입니다. 이 모든 것을 가능하게 하고, 또 앞으로의 삶을 풍요롭게 만들어 줄 가장 근본적인 힘이라고 그는 믿습니다.

9장. 생의 마지막엔 후회 없는 여행을

만약 인생이 6개월만 남는다면, 손승용 대표는 마지막에 어떤 꿈을 꿀까요? 그의 계획은 담담하고도 선명했습니다.

"우선 사업을 정리해서, 남은 가족들이 재산 때문에 다투는 일이 없도록 공정하게 분배해야지요. 그리고 제 일기를 바탕으로 자서전을 써서, 제가 살아오면서 얻은 교훈들을 나누고 싶습니다. 그 후에는, 평생 땀 흘린 이 땅을 벗어나 한 번도 보지 못한 드넓은 세상을 눈에 담고 싶습니다. 튀르키예의 유적지도, 인도의 지혜도, 몽골의 초원도 직접 보고 느끼며, 인생 마지막까지 자유롭고 행복하게 살다 자연의 품으로 돌아가고 싶습니다."

10장. "노력만큼은 절대 배신하지 않아요"

그는 오늘을 살아가는 젊은이들에게 희망의 메시지를 전하는 것도 잊지 않았습니다.

"세상은 넓고, 할 일은 정말 많습니다. 요즘은 기술만 좋으면 공사 현장의 기술직도, 페인트공도, 타일공도 모두 대우받으며 큰돈을 벌 수 있는 시대입니다. 중요한 것은 어떤 일을 하느냐가 아니라, 그 일을 어떤 태도로 하느냐입니다. 잠깐의 배움과 노력이, 앞으로의 수십 년을 살아갈 수 있는 든든한 원동력이 될 겁니다. 그러니 절망하지 마십시오. 당신이 지금 흘리는 땀은, 결코 당신을 배신하지 않습니다."

에필로그

손승용 대표는 '인생은 자기 자신과의 약속을 지키는 연속'이라는 말을 온몸으로 증명해 냈습니다. 비가 억수같이 쏟아지던 어느 새벽, 이불 속의 안락함과 타협하는 대신 우비를 입고 축사로 향했던 한 청년의 작은 승리. 그 승리가 쌓여 오늘에 이르렀습니다.

그의 '보물 1호'인 낡은 장부는, 단순한 기록이 아니라 한 인간이 자신과의 가장 어려운 싸움에서 어떻게 이겨냈는지를 보여주는 위대한 증거입니다. 성공에 안주하지 않고 달려온 그는 오늘을 사는 우리 모두에게 질문을 던집니다.

"오늘, 당신은 자신과의 약속을 지켰습니까?"

★ ★ ★ ★ ★

손승용 대표의 성공 철학

항목	내용
1. 성공 요인	부모님의 작은 사업을 물려받아, 오직 성실과 몰입으로 사업을 확장함
2. 핵심 노하우	실천 가능한 목표 설정 → 꾸준한 실행 → 성취의 반복
3. 경영 습관	매년 목표 설정, 수기 기장 장부 분석을 통한 사업 확장
4. 성장 배경	목포 태생, 가난한 유년기, 새마을 운동과 근면한 생활습관
5. 성공 분야	양돈업 중심의 일괄 생산 및 유통 구조 확립
6. Insight	성실은 재능보다 강하며, 절대 포기하지 않는 신념이 성공의 근간이다 건강은 인생 후반의 가장 중요한 자산이다
7. 성현/명사	하루라도 성실히 노력하지 않으면 그것이 바로 게으름이다 – 순자 천재란 1%의 영감과 99%의 땀으로 이루어진다 – 토머스 에디슨

프롤로그

"제가 겉으로는 좀 물러 보여도 가슴속엔 불덩이가 하나 있습니다. 허허."

양경열 대표는 조용하지만, 그 속에 누구보다 치열한 열정을 품고 살아온 사람입니다. 아버지의 사업 실패와 어머니의 고단한 삶을 보며 현실을 일찍 깨달았고, 남들이 외면한 궂은일에

진심으로 몰입하며 자신만의 길을 열었습니다. 그의 성공은 한결같이 성실하게, 끝까지 책임지며 쌓아 올린 신뢰의 성입니다. 그는 우리에게 묻습니다.

"당신은 생각만 하는 사람입니까, 아니면 작은 것이라도 행동하는 사람입니까?"

1장. 가세의 몰락, 어머니의 굽은 등

1969년 전남 순천, 3남 1녀 중 차남으로 태어난 그의 유년 시절은 풍요와는 거리가 멀었습니다. 할아버지 덕에 한때 부유했던 집안은 아버지의 사업 실패로 한순간에 기울었고, 그가 기억하는 어머니의 모습은 늘 땀에 젖은 등이었습니다.

"어머니는 저희를 먹여 살리기 위해 안 해보신 일이 없습니다. 새벽에는 남의 집 밭에 나가 모내기를 하셨고, 낮에는 짐꾼으로, 저녁에는 장터 보부상으로 하루를 채우셨습니다. 하루의 고단함을 굽은 등이 그대로 보여줬죠. 어머니의 등을 보며, 저는 일찍 철이 들 수밖에 없었습니다."

설상가상으로 형님의 갑작스러운 죽음은 어린 마음에 삶의 무게를 더했고, 그는 더 일찍 어른이 되어야만 했습니다.

2장. 10년의 배움 끝, 갈등의 시작

군 복무 후 여러 직업을 전전하던 그는, 스물일곱 살이 되던 해에 현재의 업계에 종업원으로 입사하며 인생의 방향을 잡았습니다. 10여 년간 몸으로 부딪치며 돈과 사람에 대해 배우고, 사업의 흐름을 익혔습니다. 하지만 그의 성장은 곧 기존 질서와의 갈등을 낳았습니다.

"제가 보기에는 시장이 변하고 있는데, 사장님은 기존의 방식만 고수하셨습니다. 저는 새로운 브랜드를 유치하고 유통 방식을 바꿔야 한다고 계속 건의했지만, 받아들여지지 않았어요. '변화냐, 유지냐'라는 근본적인 갈등 속에서, 저는 더 이상 이곳에 머물 수 없다고 판단했습니다."

3장. "사흘 안에 15곳 납품, 가능하겠습니까?"

퇴직금과 아파트 담보 대출로 마련한 1억 6천만 원. 인생 첫 사업은 고통의 연속이었습니다. 그러던 어느 날, 한 벽지 회사에서 불가능에 가까운 조건의 대형 계약을 제안해 왔습니다.

"이번 신제품을 시장에 먼저 내놓고, 사흘 안에 판매처 15곳에 일괄 납품하는 일이 가능하겠습니까?"

재고도, 차량도, 자금도 없었습니다. 머릿속 계산기는 '불가능'이라는 답만 내놓았지만, 그날 밤 그는 자신에게 물었습니다. '생각만 하다 끝낼 것인가, 아니면 한번 부딪쳐볼 것인가?'

4장. 생각 대신 실천, 인생을 바꾼 사흘

뜬눈으로 밤을 새운 그는 이튿날 은행으로 달려가 추가 대출을 신청했습니다. 수십 군데를 돌며 운송 트럭을 빌리고, 지인들에게 사정해 가며 자재를 조달했습니다. 물건을 직접 실어 배달하고, 영업하느라 꼬박 지새운 이틀 밤. 마지막 날은 하루 종일 식사도 거르고 운전석에서 컵라면으로 끼니를 때웠습니다.

"납품해야 할 벽지와 한 몸이 되어 이틀을 잠도 못 자고 전국을 다녔습니다. 아예 불가능할 거라고 생각했던 일들이 하나씩 풀리는 걸 보며 오기가 생기더군요. 이번 사흘에 내 사업의 승부처를 걸어보자는 심산으로 이를 악물고 버텼습니다. 결국 약속했던 3일이 지났고 제 약속은 모두 지켜졌습니다."

3일째 저녁, 마지막 납품을 완료한 순간, 그는 '생각만 하던 사람'에서 '해내는 사람'으로 다시 태어났습니다. 이 사흘간의 사투는, 그의 사업에 '첫 성공'이라는 이정표를 세운 위대한 전환점이었습니다.

5장. "눈이 게으르면 인생이 늦어집니다"

그의 성공 비결은 기회를 알아보는 '보는 눈'과 그것을 즉시 실행하는 '추진력'에 있습니다. 그는 업계 후발 주자였던 한 벽지 브랜드의 우수성을 남들보다 먼저 알아보고 신속하게 협업을 시작했습니다.

"눈이 게으르면 인생이 늦어집니다. 눈으로 본 것은 즉시 행동으로 옮겨야 합니다. 월트 디즈니가 그랬다잖아요. '일을 시작하는 방법은 말을 멈추고 행동하는 것'이라고요. 저도 이 말에 깊이 공감합니다. '나중에', '다음에'라고 미루는 태도는 결국 실패로 이어지거든요. 이 세상은 생각만 많은 사람이 아니라, 작은 일이라도 먼저 움직이는 사람에게 보답합니다."

과거 회사에서 무시당했던 그의 통찰력은, 시장에서 가장 정확한 예언이었음을 스스로 증명해 냈습니다.

6장. 아들에게 물려주고 싶은 단 하나, '보는 눈'

그가 아들에게 진정으로 물려주고 싶은 것은 회사가 아니라, 회사를 볼 줄 아는 '눈', 즉 '시야'입니다.

"제가 아들에게 가르치고 싶은 것은 사업의 기술이 아니라 사업의 본질입니다. 시장의 흐름을 읽고, 사람의 마음을 얻고, 위기 속에서 기회를 포착하는 '보는 눈'만 있다면, 어떤 상황에서도 스스로 길을 개척해 나갈 수 있을 겁니다. 그것이 제가 아들에게 물려줄 수 있는 최고의 유산이라고 생각합니다."

단순히 가업을 물려주는 것을 넘어 아들이 스스로 성장할 수 있도록, 단단한 철학을 갖추기를 바라는 아버지의 깊은 마음이 느껴집니다.

7장. 부지런함은 모든 기회의 출발점

그가 가족과 직원들에게 늘 강조하는 단어는 '부지런함'입니다. 그에게 부지런함은 단순히 몸을 빨리 움직이는 것이 아닌, 성실과 관찰력, 그리고 실천력이 모두 담긴 태도입니다.

"모든 사람이 꼭 아침에 일찍 일어나야 한다고 생각하진 않아요. 밤늦게 집중이 잘 되는 '심야형 인간'도 분명히 있을 테니까요. 중요한 건 계속 주변을 둘러보고 이에 맞게 부지런히 행동하는 것입니다. 세상에 기회는 널려 있습니다. 다만, 게으른 사람의 눈에는 그 기회가 잘 보이지 않을 뿐이죠. 부지런한 사람은 남들이 잠자는 시간에 시장을 살피고, 남들이 망설이는 순간에 먼저 움직입니다. 결국, 모든 성공은 부지런함이라는 가장 기본적인 태도에서 출발하는 것입니다."

8장. 가슴속에 남아 있는 조종사의 꿈

치열하게 살아온 그에게도 마음속 깊이 간직한 아쉬움이 있습니다. 바로 어릴 적 꿈이었던 경비행기 조종사입니다.

"땅만 보고 살아온 저는 어릴 때부터 넓은 하늘을 자유롭게 날아보고픈 욕망이 있었습니다. 중학교 때 국경일 행사를 보러 시내에 갔다가 경비행기가 나는 모습을 보고 '저거다!' 싶었죠. 먹고사는 문제에 치여 가슴속에 묻어둔 꿈이지만, 희한하게 이 나이 되도록 꿈의 크기가 줄어든 것 같진 않네요. 지금도 가끔 하늘을 나는 비행기를 보면, 그때 도전해 보지 못했던 젊은 날의 내가 떠오르곤 합니다."

그의 말 속에서, 여전히 새로운 열정을 간직한 소년의 모습을 엿볼 수 있습니다.

9장. 통합, 다음 세대를 위한 단단한 기반

그의 향후 계획은 명확합니다. 분산된 사업장을 통합하여 경영 효율성을 높이고, 아들에게 안전하게 사업을 승계하는 것입니다.

"저나 제 사업장이 성공을 자축하며 샴페인을 터뜨리기엔 아직 이르다고 생각합니다. 안주할 수 없는 것이죠. 통합된 사업장을 기반으로, 우리만 할 수 있는 창의적인 아이템을 개발해야 합니다. 제 선에서 반짝 잘 되고 마는 건 의미가 없으니 다음 세대의 새로운 도약을 준비해야 하는 겁니다. 이것이 미약하게나마 성공을 운운하며 오늘의 자리에 있게 해준 이 업계와 다음 세대에 대한 저의 책임이라고 생각합니다.”

10장. 삶의 마지막까지 마무리는 책임감 있게

생의 시계가 끝을 향해 달려갈 때를 가정하자 그는 의외로 활짝 웃습니다. “안 그래도 제가 평소에 그런 생각 많이 해보고 혼자 유언장도 써본 적이 있어요.” 질문의 의도를 관통하는 그의 대답이 반가워 끝까지 들어봅니다.

“고향에 다시 돌아가, 제 인생의 첫 페이지를 함께 열어주었던 소중한 사람들을 만나 마지막 인사를 나누고 싶습니다. 고마웠던 마음, 미안했던 마음 모두 전하며 제 삶을 잘 정리하는 것, 그것이 제가 생각하는 품위 있는 마무리입니다.”

그의 대답에는 삶의 마지막 순간까지 자신의 삶에 책임을 지려는 진중함이 배어 있습니다.

양경열 대표는 거창한 스포트라이트가 아니라 조용한 결단과 책임에서 위대한 인생이 비롯된다는 것을 몸소 증명했습니다. 그는 실패를 정면으로 마주했고, 낡은 관습과 싸우는 대신 새로운 길을 선택했으며, 기회를 보는 '눈'과 신용을 지키는 '태도'로 신뢰의 성을 쌓아 올렸습니다.

"인생은 늘 선택의 연속이고, 그 선택에 책임을 지는 사람이 결국 살아남는다."

불가능해 보였던 사흘 밤낮의 도전 앞에서 '생각' 대신 '실천'을 택했던 그의 이야기는, 오늘을 살아가는 우리 모두가 자기 인생의 주인공이 될 수 있다는 확실한 증거입니다.

★ ★ ★ ★ ★

양경열 대표의 성공 철학

항목	내용
1. 조용한 승부사	눈으로 실천하고, 신용으로 쌓아 올린 인생전략
2. 보이는 것을 행동하라	게으름은 기회를 놓친다. 실천이 만든 사업의 길
3. 책임의 무게, 신뢰의 가치	묵묵히 쌓은 신용이 결국 인생을 바꿨다
4. 부지런함은 배신하지 않는다	벽지 한 장에도 철학이 있다
5. 사업은 통찰력이다	실패를 읽고, 기회를 잡는 눈의 힘
6. Insight	게으르면 인생이 늦어진다 신용은 신념을 지킨 사람에게 돌아오는 선물이다 성실하며 모든 게 보인다. 사람도, 기회도
7. 성현/명사	군자는 말이 적고 행실이 중하다 – 공자 노력은 운이 만든다 – 투머스 제퍼슨

"당신은 무엇으로
당신의 삶을 증명할 것인가?"

성공은 결국, 우리가 어떤 길을 걸었는지보다 그 길을 어떻게 걸어왔는가를 증명하는 과정일지도 모릅니다.

많은 사람들이 목표를 향해 달려가지만, 도착한 그곳에서 자신을 잃는 경우도 많습니다. 남이 정해준 기준을 충족했을 뿐, 스스로의 의미를 찾지 못한 채 멈춰버리는 것. 그때 우리는 묻게 됩니다.

"나는 과연 무엇으로 내 삶을 증명할 수 있을까?"

이 책을 통해 만난 분들은 저마다의 방식으로 그 답을 찾아가고 있었습니다.

어떤 이는 끈질긴 성실함으로, 어떤 이는 사람을 향한 진심으로, 또 어떤 이는 매 순간을 진심으로 살아내는 태도로 자신의 삶을 증명하고 있었습니다.

그들의 공통점은 단 하나였습니다. 성공이 인생의 끝이 아니라, 자신을 증명하는 또 다른 시작이라는 것. 그들은 재산보다 관계를, 명예보다 신뢰를, 성과보다 의미를 더 깊이 선택했습니다.

이제 질문은 독자 여러분에게로 넘어갑니다.
"당신은 무엇으로 당신의 삶을 증명할 것입니까?"
"타인의 시선이 아닌, 당신의 내면이 인정하는 성공의 정의는 무엇입니까?"

삶은 거창한 선언이 아니라, 매일의 선택과 행동으로 완성되는 증거물입니다.
오늘의 작은 진심, 작은 행동 하나가 당신의 삶 전체를 증명하는 가장 큰 문장이 됩니다.

이 책이 그 증명의 여정에서 여러분에게 작은 불빛이 되길 바랍니다.
그리고 언젠가, 여러분만의 언어로 말할 수 있기를 바랍니다.
"나는 이렇게 살아왔다. 그리고 그것이 나의 성공이었다."

– 다시, 삶의 증명을 꿈꾸며

삼성생명 김요한 지점장 드림

Success beyond success
10 Insight

자수성가한 28인 위인들의 삶에

깊은 울림과 공감을 느끼며,

'성공 너머 성공 스토리' 본문 전반을 관통하는

핵심 시사점 10가지를 통해,

우리 독자님들의 인생에서도

효율적으로 접목할 수 있는 계기가 되기를 바랍니다.

1. 가치 · 신앙 중심의 의사결정

돈보다 신념(신앙 · 직업정신 · 양심)을 기준으로 선택할 때 장기 성과가 난다.

2. 작은 일에 대한 주인의식

사소한 일도 '내 일'처럼 끝까지 책임지는 태도가 신뢰와 기회를 만든다.

3. 꾸준함과 성실의 복리효과

매일의 성실(시간 엄수, 기록 · 정리, 약속 이행)이 결국 명성과 레퍼런스 (reference)를 쌓는다.

4. 행동 우선, 실행 편향

계산보다 실행이 먼저다. '해보고 고친다'라는 태도가 생존율을 높인다.

5. 한 우물 전략과 집중

동시에 여러 개보다, 한 영역을 끝까지 파서 '최고'가 되면 확장이 따라온다.

6. 사람 중심 경영(신뢰 · 공정 · 배려)

급여 · 세금 · 거래 약속을 지키고, 공정하게 나누면 충성도와 지속성이 생긴다.

7. 위기 내성 : 실패를 '과정'으로 다루기

부도 · 질병 · 배신도 학습 재료다. 좌절을 데이터화하면 다음 판에서 이긴다.

8. 자기관리 루틴(건강 · 절제 · 기도/사색)

새벽형 습관, 운동, 절제가 장기전에서의 체력과 판단력을 보장한다.

9. 현장 감각 + 학습 결합

몸으로 부딪치되, 독서 · 기록 · 분석으로 '감(感)'을 체계화하면 기회를 선점 한다.

10. 나눔과 지역 상생이 경쟁력

이익의 일부를 사람 · 지역에 환원할 때 평판 자본이 쌓이고 다음 도약이 쉬 워진다.

당장 실천 가능한 체크리스트

시사점 + 인물별 사례 + 실천 체크리스트

1. 가치 · 신앙 중심의 의사결정

사례: 김종일 대표는 '돈보다 신앙을 우선'하여 위기 때마다 하나님께 기도하며 결정을 내렸고, 결과적으로 사업이 더 크게 확장됨.

☑ 체크리스트

(1) 그렇지 않다 (2) 그런 편이다 (3) 매우 그렇다 = 합계 7점 이상

[ ] 의사결정 전 "이 일이 내 가치/신앙에 부합하는가?" 질문하기 (1) (2) (3)

[ ] 단기 이익보다 장기적 명예와 신뢰 점검 (1) (2) (3)

[ ] 주 1회 가치 · 신앙 기반 점검일지 작성 (1) (2) (3)

2. 작은 일에 대한 주인의식

사례: 민주운 대표는 버섯 재배의 작은 일(물 주기, 온도 체크)을 철저히 하여 품질 경쟁력을 확보.

☑ 체크리스트

[ ] 매일 반복되는 일도 '내 이름 걸고' 수행 (1) (2) (3)

[ ] 작은 약속(시간 · 금액 · 말씀)을 반드시 지키기 (1) (2) (3)

[ ] 매주 사소한 성과 하나 기록 (1) (2) (3)

3. 꾸준함과 성실의 복리효과

사례: 이금례 대표는 30년간 '365일 문 닫지 않는 식당'을 운영하여 지역 신뢰를 확보.

☑ 체크리스트

[ ] 매일 같은 시간에 시작하는 습관 만들기 (1) (2) (3)

[ ] 하루 기록(매출 · 만난 사람 · 교훈) 남기기 (1) (2) (3)

[ ] 최소 1년간 성실 루틴을 시각화 (1) (2) (3)

4. 행동 우선, 실행 편향

사례: 안미자 대표는 실패한 가게를 뒤로 하고 바로 새로운 장사를 실행, 경험
을 자산으로 삼음.

☑ 체크리스트

[ ] 아이디어가 생기면 48시간 내 '작게' 실행 (1) (2) (3)

[ ] 실패를 기록하고 바로 개선 실행 (1) (2) (3)

[ ] 1주일 1개 실험 실행 목표 세우기 (1) (2) (3)

5. 한 우물 전략과 집중

사례: 김봉환 원장은 한의학 · 의료 분야에 몰입해 '지역 대표 원장'으로 성장.

☑ 체크리스트

[ ] 나의 '한 우물' 정의하기 (업/분야 1개) (1) (2) (3)

[ ] 다른 일 제안 시 '핵심 분야에 도움 되나?' (1) (2) (3)

[ ] 1년 단위 성과지표 1개 설정 (1) (2) (3)

6. 사람 중심 경영(신뢰 · 공정 · 배려)

사례: 박정규 대표는 직원 급여 · 협력사 대금을 철저히 지켜 지역 인망을 얻음.

☑ 체크리스트

[ ] 급여 · 세금 · 약속은 '가장 먼저' 처리 (1) (2) (3)

[ ] 협력사/직원과 매월 피드백 대화 (1) (2) (3)

[ ] 신뢰 지표(약속 지연 0건 등) 관리 (1) (2) (3)

7. 위기 내성 : 실패를 '과정'으로 다루기

사례: 최희철 대표는 사업 실패 후 환경복원 기업으로 재기, 실패 경험을 교훈화.

☑ 체크리스트

[ ] 실패 사건을 '교훈노트'에 기록 (1) (2) (3)

[ ] 위기를 객관적 데이터로 정리 (1) (2) (3)

[ ] 위기 후 재도전 실행 계획 1개 세우기 (1) (2) (3)

8. 자기관리 루틴(건강 · 절제 · 기도/사색)

사례 : 손승용 대표는 새벽 기도와 규칙적 운동으로 건강과 리더십을 유지.

☑ 체크리스트

[ ] 하루 시작 루틴(기도 · 명상 · 운동) 만들기 (1) (2) (3)

[ ] 건강 지표(체중 · 혈압) 주 1회 체크 (1) (2) (3)

[ ] 하루 절제(술 · TV · 휴대폰) 실천 (1) (2) (3)

9. 현장 감각 + 학습 결합

사례 : 양미숙 대표는 식당 현장 경험 + 부동산 공부를 병행, 기회 선점 성공.

☑ 체크리스트

[ ] 현장 경험을 매주 학습 노트로 정리 (1) (2) (3)

[ ] 독서/강의와 현장 사례 연결하기 (1) (2) (3)

[ ] 매달 1권 업 관련 책 요약 (1) (2) (3)

10. 나눔과 지역 상생이 경쟁력

사례: 김광선 대표는 지역 교회 · 청년회 후원으로 신망을 얻어 인재
와 기회 확보.

☑ 체크리스트

[ ] 수익의 1~5%를 나눔 · 후원에 사용 (1) (2) (3)

[ ] 지역 봉사 · 후원 활동 1회/분기 (1) (2) (3)

[ ] 나눔 활동 결과를 팀/가족과 공유 (1) (2) (3)

Success beyond success 10 Insight는 단순한 '시사점'이 아니라 사례–
실천–점검 구조가 되어 바로 우리들의 실생활에 활용할 수 있는 유용한
도구가 될 것입니다. 감사합니다.

도서출판 행복에너지 회장 | 권선복

1. 성공은 결과가 아니라 태도다

이 책에 등장하는 사람들은 공통적으로 "잘돼서 훌륭해진 사람"이 아니라, 어려울 때의 선택과 태도 때문에 결국 성공에 도달한 사람들입니다. 독자들께 저자는 묻습니다. 지금 당신이 처한 상황에서, 당신은 어떤 태도를 선택하고 있습니까?

2. 실패는 인생의 오점이 아니라 설계도입니다

실패는 숨겨야 할 과거가 아니라, 다음 성공을 위한 좌표이자 나침반이라는 사실입니다. 넘어졌던 자리에는 반드시 배울 것이 있었고, 그 배움이 없었다면 다음 성공도 없습니다.

3. 진짜 성공은 혼자 완성되지 않습니다

책 속의 성공한 사람들은 공통적으로 가족, 동료, 고객, 이웃과의 관계 안에서 성장했습니다. 그래서 저자가 말하는 성공은 "위에 서는 것"이 아니라 함께 올라가는 것입니다.

4. 돈과 지위는 목적이 아니라 도구일 뿐, 부와 명예는 성공의 증거일 수는 있지만, 성공의 정의 그 자체는 아닙니다

책의 마지막에서 저는 조용히 선을 긋습니다. 무엇을 이루었는가보다, 그 힘으로 누구를 살렸는가가 훨씬 더 중요합니다.

5. 성공 너머에는 반드시 책임과 나눔이 있습니다

성공은 개인의 영광에서 끝나면 퇴색되지만, 나눔으로 확장될 때 의미 있는 유산이 됩니다. 저자가 독자에게 남기는 마지막 질문은 이것입니다. 당신의 성공은, 누군가의 희망이 될 수 있는가?

6. 이 책의 진짜 주인공은 독자 당신입니다

28인의 성공 이야기는 거울일 뿐입니다. 책장을 덮는 순간, 저자는 말을 멈추고 독자에게 배턴을 넘깁니다.

이제 당신의 이야기가 시작될 차례입니다.

『성공 너머 성공』은 "성공하는 법"을 알려주는 책이 아니라, "성공한 뒤 어떻게 살아야 하는가"를 우리 자신에게 묻는 책입니다.

몸이 말할 때 나는 귀를 기울였다

최점복 지음 | 값 22,000원

이 책은 피부관리사로서 많은 이들의 신체를 어루만지고, 손끝을 통해 몸의 세포들이 말하는 진심을 들으며 단순한 '관리'가 아니라 사람을 '치유'하는 일을 해온 최점복 저자가 자신의 경험에 기반하여 이야기하는 치유에 대한 에세이다. 사람의 몸에 담긴 불안과 아픔, 오랫동안 말하지 못했던 외로움을 파악하고, 사랑과 존중을 들려주는 것이 관리사라는 저자의 확고한 신념이 독자를 따뜻하게 위로한다.

다시 태어난다면 이렇게 살고 싶다

임한규 지음 | 값 22,000원

34년간 해군 장교로 헌신한 예비역 제독이며 7가지 분야를 두루 섭렵한 보기 드문 이력의 소유자인 저자는 경직된 조직 문화와 부당한 관행을 혁신하는 데에 앞장선 경험 및 기업 현장에서 불합리한 갑을 관계에 맞서 싸웠던 경험을 기반으로 하여 인생의 본격적인 출항을 앞둔 청년 및 인생의 항로 수정이라는 큰 결정을 해야 하는 사람들이 더 나은 선택을 할 수 있도록 돕는다.

영업팀의 비밀

권태호 지음 | 값 22,000원

저자는 성과가 떨어지고 있는 영업팀에 대한 기존의 인식에서 벗어나, 성과가 떨어지거나 나오지 않고 있을수록 팀 외부가 아닌 팀 내부로 눈길을 돌려 팀의 구조가 제대로 움직이고 있는지, 팀의 구조를 움직이는 에너지가 생성되고 있는지 확인해야 하는 상황이라는 것을 강조한다. 막연히 목표를 강요하는 게 아니라 팀의 행동력을 끌어올릴 수 있어야 영업팀이 회복과 성장을 이룰 수 있음을 강조하고 있는 것이다.

대학생을 위한 에듀테크 AI활용 시크릿북

오예림 외 8인 지음/정동완 기획 | 값 22,000원

이 책은 AI를 편하게 쓰는 법을 알려주는 안내서가 아니라 AI를 활용하여 어떻게 나의 실제적인 경쟁력을 창출할 수 있을지를 이야기하는 책이다. 이 책을 통해 독자들은 PPT 기획, 디자인 및 영상, 자소서, 이력서 면접 전략, 시간과 돈 관리끼지 AI를 통해 정교하게 만들 수 있다. 또한 책은 여기에 더해 AI 도구가 가진 부작용까지 이해하고 대처할 수 있는 사용자가 되도록 돕고 있다.

'행복에너지'의 해피 대한민국 프로젝트!

<모교 책 보내기 운동> <군부대 책 보내기 운동>

한 권의 책은 한 사람의 인생을 바꾸는 힘을 가지고 있습니다. 한 사람의 인생이 바뀌면 한 나라의 국운이 바뀝니다. 그럼에도 불구하고 많은 학교의 도서관이 가난하며 나라를 지키는 군인들은 사회와 단절되어 자기계발을 하기 어렵습니다. 저희 행복에너지에서는 베스트셀러와 각종 기관에서 우수도서로 선정된 도서를 중심으로 <모교 책 보내기 운동>과 <군부대 책 보내기 운동>을 펼치고 있습니다. 책을 제공해 주시면 수요기관에서 감사장과 함께 기부금 영수증을 받을 수 있어 좋은 일에 따르는 적절한 세액 공제의 혜택도 뒤따르게 됩니다. 대한민국의 미래, 젊은이들에게 좋은 책을 보내주십시오. 독자 여러분의 자랑스러운 모교와 군부대에 보내진 한 권의 책은 더 크게 성장할 대한민국의 발판이 될 것입니다.

제 1 호

감 사 장

도서출판 행복에너지
대표 권선복

  귀 사는 해군 제1함대 사령부 장병 및 군무원의 교양과 정서 함양을 위해 귀중한 양질의 도서를 기증해 주셨습니다.
  이에 모든 부대원의 감사와 존경의 마음을 담아 감사장을 드립니다.

2024년 8월 30일

제1함대사령관
해군소장 박 규 백

제 3 호

감 사 장

도서출판 행복에너지
대표 권 선 복

  귀하께서는 평소 군에 대한 깊은 애정과 관심을 보내주셨으며, 특히 육군사관학교 장병 및 사관생도 정서 함양을 위해 귀중한 도서를 기증해 주셨기에 학교 全 장병의 마음을 담아 이 감사장을 드립니다.

2022년 1월 28일

육군사관학교장
중장 강 창 구